All about appetizer

식사 전에
애피타이저

안충훈 · 조원기 공저

예신 Books

레시피 계량 기준
- 계량스푼 1큰술 – 15mL
- 계량스푼 1작은술 – 5mL

▰▰▰ 머리말

애피타이저는 메인 음식 전에 입맛을 돋우어 주는 요리이다. 우리나라 식문화를 보면 사실 애피타이저 개념이 없다고 생각해도 무방하다. 한상차림 문화 때문이기도 하지만 현대 사회 음식문화는 음식의 양보다 영양에 비중을 많이 두면서 저탄수화물·고지방을 지향한다.

탄수화물을 먹고 지방과 단백질을 많이 섭취하여 몸의 균형을 유지하기 위함인데, 이러다 보니 음식을 접시에 담음에 있어 양이 적어지고 좋은 재료를 적게 섭취하는 문화가 생기게 되었다.

애피타이저는 서양의 음식문화지만 전 세계에서 추구하는 음식을 즐기는 방법이 되었다. 반찬을 적게 내어 여러 가지를 맛보는 것처럼 일반화된 정찬 스타일에서 오랫동안 즐기는 문화로 자리를 잡았다. 메인이 두툼한 스테이크였다면 지금은 1/3가량 양이 줄고 그만큼 음식이 다양한 형태로 몇 가지 더 나오는, 이런 스타일로 변해가고 있다. 아니 그렇게 바뀌었다. 담음새가 아름다워지고 좋은 식재료를 이용하여 양은 적지만 코스의 개수는 훨씬 많이 늘었다.

이 책에는 쉽게 만들 수 있는 요리부터 기본기를 능가하여 과학을 기반으로 하는 첨단 방식으로 만들 수 있는 요리까지 수록하였다. 이런 모든 부분이 애피타이저가 진화하여 이루어진 것이다. 이 또한 독자들이 볼 수 있도록 기획한 의도이며, 본인도 거기에 맞추어 요리를 계속하고 있다.

현재 코로나로 인해 많은 외식업체뿐만 아니라 모든 사업이 어려움을 겪고 있다. 이로 인해 음식문화가 어떻게 바뀔지 예상조차 할 수 없을 정도이다. 비대면 사업이 많이 부응할 것이란 예상을 하는 가운데 외식문화가 어떻게 변할지 의구심이 생긴다.

어려운 상황에도 함께 고생한 조원기 님과 도서출판 **예신** 임직원 여러분께 감사드리며, 물심양면 지원해주신 크로스비 김옥재 대표님께 진심으로 감사드린다. 그리고 조원기 님의 멘토 세경대 김진 교수님, 이상아 교수님, 마지막으로 조원기 님의 부인 황규화 님께도 감사의 인사를 드린다.

저자 일동

차 례

채소 · 과일류

크림치즈 무스를 곁들인 자몽과 그라니타 …… 12
애플민트 주를 곁들인 감자 링과 감자 칩 …… 14
허브 간장 소스를 곁들인 포테이토 누들 튀김 …… 16
구운 방울토마토와 시트러스 스틱 …… 18
아보카도 퓌레를 채운 줄기 토마토 …… 20
수비드 한 토마토와 치즈 오버랩 …… 22
녹차 무스를 곁들인 가지 너티 볼 …… 24
당근 소스를 곁들인 샬롯과 당근 …… 26
작두콩 소스를 올린 화이트 아스파라거스 …… 28
대파와 마늘 칩을 곁들인 브로콜리 주 …… 30
구운 엔다이브와 오렌지, 방울토마토 …… 32
구운 채소와 딸기 스틱 …… 34
셀러리 피클을 곁들인 훈제 샬롯 …… 36
민트 젤을 곁들인 콩 샐러드 …… 38
수비드 한 가지와 가지 퓌레 …… 40
알프스오토메 콩포트를 곁들인 아스파라거스 …… 42
밤 소스를 채운 양송이버섯 …… 44
오렌지 소스를 곁들인 구운 당근과 사과 …… 46
구운 버섯과 견과류 파우더 …… 48
당근 튀김과 당근 퓌레 …… 50
토마토 샌드위치와 스위트 허니 드레싱 …… 52
아보카도와 포도 파니니 …… 54
당근 버터를 바른 비트 피자 …… 56
겨자 소스를 곁들인 견과류 크러스트 …… 58
과일 샐러드와 허브 요거트 소스 …… 60
엔초비 소스를 바른 로메인 …… 62
뢰스티 …… 64
토마토 주를 곁들인 방울토마토와 절인 오이 …… 66
비트 소스를 곁들인 가지 구이 …… 68
스모크 파프리카향 알감자 …… 70
오렌지 소스를 곁들인 채소피클 …… 72
무화과 콩포트와 콜리플라워 크림치즈 무스 …… 74
치즈를 뿌린 구운 느타리버섯과 목이버섯 …… 76
토마토 무스를 곁들인 방울토마토와 청포도 …… 78
채소 화분 – 채소와 비트·올리브·바나나 파우더 …… 80

🧀 치즈류

바질 소스를 곁들인 곡물 튀김 모차렐라 ········ 84
옥수수 퓌레와 보콘치니 ························· 86
치즈 퐁듀 ····································· 88

성게알 크림치즈 타르트 ························ 104
관자 버블을 곁들인 구운 양배추 롤 ············ 106
그린 애플 주와 씨푸드 ························ 108
주꾸미와 수비드 한 아스파라거스와 당근 ····· 110
오이로 감싼 연어 타르타르 ···················· 112
시트러스 그레몰라타를 곁들인 농어 롤 ········ 114
오징어 다리 콥샐러드 ························· 116
수비드 한 새우와 화이트 아스파라거스 ········ 118
오이를 이용한 연어 롤과 홀스래디시 소스 ····· 120
토마토 잼을 곁들인 농어 룰라드와
밀크 젤리 ···································· 122
허브로 숙성한 광어와 라즈베리 소스 ·········· 124

 ## 해산물류

랍스터테일과 얼큰 비스큐 소스 ················· 92
모차렐라 소스를 곁들인 카다이프 새우볼 ······ 94
파프리카 소스를 곁들인 참치 세비체 ··········· 96
관자살을 채운 오징어 무스 롤 ·················· 98
레몬버터 꼬막 ································ 100
구운 관자를 올린 카스텔라와
드라이 산딸기 ································· 102

차 례

수비드 한 농어와 과일 처트니 ················ 126

홍피망 소스를 곁들인 수비드 한 가자미 ······ 128

다진 새우와 백합조갯살을 넣은
비트 라비올리 ···································· 130

당근 커리 퓌레를 곁들인 아스파라거스와
오징어 ··· 132

참치 타타키와 홀스래디시 에스푸마 ·········· 134

칵테일 새우와 타라곤향 아스파라거스 ······· 136

토마토 소스를 곁들인 가리비찜 ················ 138

미니 파프리카 연어 살사 ························· 140

보케리아 ··· 142

아귀 탕수 ·· 144

성게알 푸딩 ··· 146

채소주스를 곁들인 대고동 ······················· 148

주꾸미와 미나리 샐러드 ·························· 150

수비드 한 왕새우와 구운 파프리카 ············ 152

남플라 소스를 곁들인 광어 ······················ 154

파르메산 치즈 소스를 곁들인 오징어 롤 ····· 156

해초와 오이 샐러드 ······························· 158

비스큐 소스와 전복찜 ···························· 160

와사비를 곁들인 광어 ···························· 162

버섯 무스를 곁들인 수비드 한 오징어 링 ···· 164

볶은 마늘과 대파 튀김을 올린 관자찜 ········ 166

버섯 라구와 버터 관자 ··························· 168

알메하스 ··· 170

시금치 콜리플라워 퓌레와 조갯살 ············ 172

부르고뉴 스타일의 달팽이 요리 ················ 174

contents

 ## 육류

비프 타타키와 트로피컬 소스	178
구운 양파와 사과를 곁들인 비프 카르파치오	180
파프리카 소스를 곁들인 수비드 한 제비추리	182
숙성된 노른자를 올린 비프 타르타르	184
깻잎·고추 무스를 곁들인 육회쌈	186
와인 젤리와 요거트 소스를 곁들인 촉촉한 육포	188
찹찹미트	190
망고 스페리피케이션과 미트 파우더	192
청포도 캐비어를 곁들인 슬라이스 미트	194
토마토 소스를 곁들인 가지 샌드	196
불고기 육포와 짓 파우더	198
치킨스테이크와 적채 소스	200

 ## 수프류

트러플향 비트 수프와 드라이 토마토	204
저온으로 익힌 노른자와 포르치니 크림수프	206
완두콩수프	208
콩을 올린 마늘향 크림수프	210
송이버섯 무스를 곁들인 곡물 수프	212

애피타이저(Appetizer)

식사 전에 입맛을 돋우기 위한 요리로,
미국이나 영국에서는 appetizer,
프랑스에서는 hors-d'oeuvre,
스페인에서는 tapas, pincho,
우리나라에서는 전채요리라 한다.
hors-d'oeuvre에서 hors는 '앞'을,
oeuvre는 '식사'를 뜻하므로
애피타이저는 식사 전에 제공되는,
본 요리 전 기대감을 높이기 위한 요리라 할 수 있다.

Vegetable & Fruit

채소 · 과일류

채소 · 과일류

크림치즈 무스를 곁들인
자몽과 그라니타

🍴 그라니타(granita)는 라임, 레몬 등의 과일에 설탕과 와인을 넣어 얼린 입가심 요리. 톡 쏘는 맛이 특징이다.

재료	오이 1개, 자몽 1/4개, 산딸기 5~6개, 래디시 1개, 그라니타 50mL, 크림치즈 무스 적당량, 딜
그라니타	오렌지 1개, 레몬 1개, 설탕 2큰술, 화이트와인 1큰술, 물 25mL
크림치즈 무스	크림치즈 3큰술, 우유 30mL, 넛맥 1/4작은술, 엑스트라버진 올리브오일 1작은술, 화이트와인 1큰술

만들기

1. 오이는 감자칼을 사용하여 가시를 제거하고 최대한 얇게 슬라이스 하여 진공 포장한다.
2. 1을 30℃ 이하의 물에서 시작하여 52℃를 유지한 상태로 15분간 수비드 한 다음 돌돌 만다.
3. 래디시는 최대한 얇게 슬라이스 한다.
4. [그라니타] 오렌지와 레몬은 껍질을 벗겨 과육과 설탕, 물, 화이트와인을 믹서에 넣어 갈고 체에 거른 후 냉동실에 보관한다.
5. [크림치즈 무스] 분량의 재료를 믹서에 모두 넣어 갈고 체에 걸러 크림치즈 무스를 만든다. 짤주머니에 담아 준비한다.
6. 자몽은 껍질을 벗기고 과육만 준비한 다음 웨이지(반달 모양)로 자른다.
7. 산딸기는 꼭지를 떼고 건조기에서 38℃ 이하로 완전히 말린다.
8. [플레이팅] 2의 오이, 3의 래디시, 5의 크림치즈 무스, 6의 자몽, 7의 산딸기를 왼쪽 사진과 같이 플레이팅 하고, 냉동실에 준비한 그라니타를 중앙에 담은 후 딜로 장식한다.

memo
수비드(sous-vid) : 식재료를 버터나 허브 등과 같이 진공 포장하여 50~80℃에서 장시간 익히는 조리법이다.

2

3

6

채소·과일류

애플민트 주를 곁들인
감자 링과 감자 칩

애플민트 주를 제외하고 접시에 플레이팅 하여 테이블을 세팅한 후, 마지막에 애플민트 주를 부어 요리를 완성하기도 한다.

재료	감자 1개, 레몬즙 2큰술, 생크림 50mL, 식용유 500mL, 애플민트 주 4큰술, 플레인 요거트 3큰술, 감자전분 1큰술, 설탕 1작은술, 식초 1/2 작은술, 연한 소금물 200mL, 차이브
애플민트 주	애플민트 잎 5~7장, 레몬즙 1큰술, 구연산 1/5작은술, 설탕 1 큰술, 물 2큰술

만들기

1. [애플민트 주] 구연산, 설탕, 물을 냄비에 담고 약한 불에서 끓여 시럽을 만든 후 식혀서 냉장고에 보관한다.
2. 1의 시럽과 애플민트 잎, 레몬즙을 믹서에 넣어 갈고 팬에 담아 약한 불에서 천천히 졸여 걸쭉하게 한다.
3. 2를 고운체에 3~4번 걸러 애플민트 주를 만든다.
4. [사워크림] 생크림을 믹싱볼에 넣어 거품을 올리고 요거트, 설탕, 식초, 레몬즙을 섞어 사워크림을 만든 후 실온에 12~18시간 보관한다. 튜브에 담아 준비한다.
5. [감자 칩] 감자 1/2개는 껍질을 제거하고 0.3cm 두께로 얇게 잘라 연한 소금물에 10분간 넣어 간을 한 다음 건조기에서 45℃로 건조한다.
6. 평평한 모양을 만들기 위해 눌러가며 165℃의 식용유 250mL에 튀겨 감자 칩을 만든다.
7. [감자 링] 남은 감자 1/2개는 껍질을 제거하고 회전 채칼을 사용하여 가늘고 길게 썰어 감자 누들을 만든다.
8. 감자 누들을 원통형 틀에 여러 번 감은 후 마지막 부분을 먼저 감아둔 안쪽으로 밀어 넣어 풀리지 않게 한다.
9. 8에 감자 전분을 묻히고 165℃의 식용유 250mL에 틀과 같이 튀긴 후 틀이 식으면 틀과 감자 누들을 분리하여 감자 링을 완성한다.
10. [플레이팅] 볼에 애플민트 주를 담아 감자 링을 중앙에 세우고, 링 위에 사워크림을 짠 후 감자 칩을 올린다. 차이브로 장식한다.

채소 · 과일류

허브 간장 소스를 곁들인
포테이토 누들 튀김

🍴 포테이토 누들은 감자를 국수처럼 가늘고 길게 채 썬 것. 회전 채칼을 사용하면 누구나 쉽게 만들 수 있다.

재료	감자 1/2개, 연두부 1팩, 대파(흰 부분) · 소금 약간씩, 허브 간장 소스 50mL, 식용유 500mL, 딜, 어린잎, 쏘렐
허브 간장 소스	진간장 2큰술, 다진 생강 1작은술, 다진 마늘 1/2큰술, 검은 통후추 5알, 로즈메리 · 타임 1줄기씩, 물 100mL

만들기

1. [허브 간장 소스] 진간장, 다진 생강, 다진 마늘, 후추, 로즈메리, 타임, 물을 냄비에 넣고 약한 불에서 30분간 천천히 끓인 후 채에 걸러 허브 간장 소스를 만든다.
2. [포테이토 누들 튀김] 감자는 껍질을 벗기고 회전 채칼로 슬라이스 하여 포테이토 누들을 만든다.
3. 포테이토 누들을 소금으로 간을 하고 원기둥 모양으로 돌돌 말아 165℃의 식용유에 튀긴다.
4. 대파는 5cm 길이로 얇게 슬라이스 하여 찬물에 넣고 끈적끈적한 점액질이 없어질 때까지 헹군다.
5. 연두부는 가로 6cm, 세로 10cm, 두께 2cm 크기로 자른다.
6. [플레이팅] 자른 연두부를 접시에 담아 허브 간장 소스를 붓고 연두부 위에 포테이토 누들 튀김을 올린다. 대파 슬라이스, 딜, 어린잎, 쏘렐로 장식한다.

memo

회전 채칼(스파이럴라이저) : 감자, 당근, 무 등의 채소를 누들로 쉽게 만들 수 있는 도구이다.

채소 · 과일류

구운 방울토마토와
시트러스 스틱

🍴 빨간 토마토에 있는 라이코펜이라는 성분은 열을 가하여 조리해 먹으면 5배 이상 흡수가 잘된다.

재료	방울토마토 2~3개, 오렌지·레몬 1/4개씩, 핑크 페퍼 1작은술, 바질 2g, 아보카도 무스 4큰술, 엑스트라버진 올리브오일 2큰술, 소금·설탕·검은 후춧가루 약간씩, 처빌
아보카도 무스	아보카도 1개, 레몬즙 1큰술, 엑스트라버진 올리브오일 1큰술, 소금 약간

만들기

1. 방울토마토는 끓는 물에 잠깐 데쳐 껍질을 벗기고 바질, 소금, 설탕, 엑스트라버진 올리브오일 1큰술, 후춧가루로 양념한다.
2. 양념한 방울토마토를 60~65℃로 예열한 오븐에서 1시간 동안 굽는다.
3. [아보카도 무스] 아보카도는 껍질과 씨를 제거하여 레몬즙, 엑스트라버진 올리브오일, 소금과 같이 믹서에 넣어 갈고 체에 걸러 무스로 만든다.
4. [시트러스 스틱] 오렌지, 레몬은 껍질을 벗기고 가로 1cm, 세로 5~6cm 크기의 직사각형 모양으로 자른다.
5. [플레이팅] 2의 방울토마토와 아보카도 무스를 왼쪽 사진과 같이 플레이팅하고, 방울토마토 앞쪽에 시트러스 스틱을 놓은 후 엑스트라버진 올리브오일 1큰술을 뿌린다.
6. 핑크 페퍼를 손으로 으깨어 뿌리고 처빌로 장식한다.

memo 드레싱이나 소스를 만들 때는 엑스트라버진 올리브오일을, 볶거나 구울 때는 퓨어 올리브오일을, 튀길 때는 식용유를 사용한다.

채소·과일류

아보카도 퓌레를 채운
줄기 토마토

🍴 퓌레(purée)는 과일이나 채소를 갈아 걸쭉하게 만든 음식. 아보카도를 갈아서 퓌레를 만들어 놓으면 빵에 발라 먹어도 좋다.

재료 줄기 토마토 5개, 베이컨 1개, 익은 아보카도 1/2개, 생크림 30mL, 그라나 파다노 치즈 10g, 엑스트라버진 올리브오일 3큰술, 소금·후춧가루 약간씩, 민트

만들기

1. 베이컨은 잘게 다지고 프라이팬에서 기름 없이 중불로 크리스피하게 볶은 후 키친타월로 기름을 제거한다.
2. [아보카도 퓌레] 아보카도는 껍질과 씨를 제거하여 잘게 자른 후 믹서에 생크림과 엑스트라버진 올리브오일을 넣고 갈아 퓌레로 만든다.
3. 아보카도 퓌레에 1의 베이컨을 섞어 소금, 후춧가루로 간을 한 다음 짤주머니에 담아 준비한다.
4. 줄기 토마토는 꼭지를 떼어내고 끓는 물에 데쳐 찬물에 식힌 후 뾰족한 부분을 잘라내고 작은 티스푼으로 속을 파낸다.
5. [플레이팅] 속을 파낸 토마토에 아보카도 퓌레를 채워 접시에 담고, 치즈 그레이터 스틱으로 그라나 파다노 치즈를 갈아 토마토 위에 뿌린다. 민트로 장식한다.

memo
아보카도를 믹서에 넣어 갈 때 양이 작으면 잘 갈리지 않으므로 숙성이 잘된 아보카도를 골라 잘게 다지거나 으깨어 사용한다.

채소 · 과일류

수비드 한 토마토와 치즈 오버랩

 수비드(sous-vide)는 식재료를 버터나 허브 등과 같이 진공 포장하여 50~80℃에서 장시간 익히는 조리법이다.

재료 화이트 아스파라거스 4줄기, 토마토 1개, 레몬 1/2개, 생크림 1큰술, 엑스트라버진 올리브오일 3큰술, 딜 3줄기, 모차렐라 치즈 20g, 화이트 발사믹식초 1작은술, 소금·설탕 약간씩

만들기

1. [수비드 한 토마토] 토마토는 끓는 물에 잠깐 데쳐 껍질을 벗기고 소금, 엑스트라버진 올리브오일 1큰술과 같이 진공 포장한 다음 30℃ 이하의 물에서 시작하여 52℃를 유지한 상태로 15분간 수비드 한다.

2. 감자칼을 사용하여 껍질을 제거한 아스파라거스와 딜 2줄기는 소금, 엑스트라버진 올리브오일 1큰술과 같이 진공 포장한 다음 1과 같이 15분간 수비드 한다.

3. 모차렐라 치즈는 뜨거운 물(60℃)에 5초 동안 넣었다가 건진 다음 가로 2cm, 세로 4cm, 두께 1cm의 크기로 모양을 만든다.

4. [그린 허브오일] 레몬은 즙을 만들어 2의 수비드 한 딜, 엑스트라버진 올리브오일 1큰술과 같이 믹서에 넣어 갈고 체에 걸러 그린 허브오일을 만든다.

5. 2의 아스파라거스 중 2줄기는 생크림, 소금, 설탕, 화이트 발사믹식초와 같이 믹서에 넣어 갈고 체에 거른다.

6. [플레이팅] 5를 접시에 먼저 담고 2의 수비드 한 아스파라거스를 놓는다.

7. 1의 토마토와 3의 모차렐라 치즈를 겹겹이 오버랩하여 놓은 후 그린 허브오일과 딜 1줄기를 다져 뿌린다.

memo 채소나 과일을 수비드 하면 수분이 유지되면서 맛과 향이 보존되고 식감도 부드럽다.

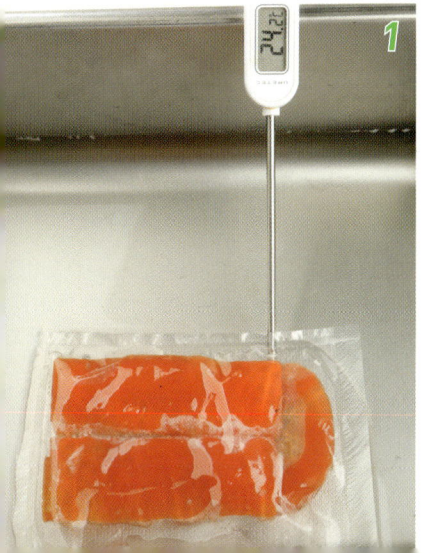

채소·과일류

녹차 무스를 곁들인
가지 너티 볼

재료	가지·달걀 1개씩, 아몬드·피칸 5개씩, 밀가루 1큰술, 흑임자 1작은술, 유자청 1/4작은술, 타임·차이브 1줄기씩, 식용유 300mL, 녹차 무스 3큰술
녹차 무스	녹차 파우더 1큰술, 생크림 2큰술, 소금·설탕 약간씩

만들기

1. **[가지 너티 볼]** 가지는 꼭지를 떼고 길이로 반 자른 후 타임을 넣고 10분간 같이 찐다.
2. 찐 가지를 핸드믹서로 갈고 밀가루, 유자청을 섞어 가지 볼을 만든다.
3. 아몬드, 피칸, 흑임자를 프라이팬에 넣고 약한 불에서 볶은 후 믹서에 넣고 갈아 견과류 파우더를 만든다.
4. 2의 가지 볼에 달걀물을 입히고 견과류 파우더를 바른 후 165℃의 식용유에 짧은 시간 튀겨 가지 너티 볼을 만든다.

5. **[녹차 무스]** 생크림을 팬에 담고 약한 불에서 1/2로 졸여 걸쭉하게 한 다음 녹차 파우더, 설탕, 소금을 넣어 간을 하고 체에 걸러 녹차 무스를 만든다. 식힌 후 짤주머니에 담아 준비한다.
6. **[플레이팅]** 가지 너티 볼을 접시에 담고 견과류 파우더를 뿌린 후 잘게 썬 차이브를 올린다.
7. 짤주머니에 담아 놓은 녹차 무스를 왼쪽 사진과 같이 플레이팅 한다.

memo
너티(nutty) : 견과류의 향과 맛을 나타내는 용어로, 와인에서 견과류 향이 느껴질 때 사용하는 표현이다.

채소·과일류

당근 소스를 곁들인 샬롯과 당근

| 재료 | 샬롯 2개, 당근 1/2개, 설탕 1큰술, 물 100mL, 월계수 잎 1장, 다진 마늘 1/2큰술, 검은 통후추 5알, 당근 소스 3큰술, 소금 약간, 식용 꽃 |

| 당근 소스 | 당근 1/2개, 레몬즙·생크림 1큰술씩, 화이트와인 2큰술, 구연산 1/5작은술, 엑스트라버진 올리브오일 1큰술 |

만들기

1. 프라이팬에 설탕을 넣고 약한 불에 녹여 캐러멜로 만든다.
2. 샬롯은 껍질을 벗기고 원형으로 반을 잘라 팬에 담고 강한 불에서 굽다가 갈색이 나면 1을 넣고 약한 불에서 천천히 익힌다.
3. 당근은 감자칼을 사용하여 껍질을 제거해 5cm 길이의 직사각형 모양으로 자르고 다진 마늘, 물, 소금, 후추, 월계수 잎과 같이 냄비에 넣어 끓는 물에서 7~8분간 삶은 후 실온에 보관한다.
4. [당근 소스] 3의 1/2을 믹서에 넣어 갈고 약한 불에서 졸이다가 레몬즙, 구연산, 화이트와인, 생크림, 엑스트라버진 올리브오일을 넣고 천천히 끓인다.
5. 4를 다시 믹서에 넣어 갈고 체에 걸러 당근 소스를 만든다. 식힌 후 튜브에 담아 준비한다.
6. [플레이팅] 2의 샬롯과 3의 당근, 5의 당근 소스를 왼쪽 사진과 같이 예쁘게 플레이팅 한 다음 식용 꽃으로 장식한다.

memo

캐러멜라이즈(caramelize) : 열을 가하여 설탕을 녹이면 맑은 색 시럽이 되고, 계속해서 열을 가하면 황금색 캐러멜이 만들어지는데, 이것을 캐러멜라이즈라 한다.

채소 · 과일류

작두콩 소스를 올린
화이트 아스파라거스

🍴 화이트 아스파라거스는 일종의 알비노현상으로, 사람이나 동식물 등 몇십만분의 1인 개체만 가지고 있는 색소가 하얀 상태, 희귀한 식재료이다.

재료 화이트 아스파라거스 2줄기, 그린빈 5줄기, 토마토 1/2개, 통밀 100g, 블랙 올리브 10개, 작두콩 소스 150mL, 엑스트라버진 올리브오일 1큰술, 소금·후춧가루 약간씩, 민트, 딜

작두콩 소스 작두콩 50g, 우유 150mL, 소금·후춧가루 약간씩

만들기

1. [작두콩 소스] 작두콩은 하루 전날 물에 불렸다가 푹 삶은 후 겉에 있는 투명 막을 벗긴다.
2. 1의 작두콩과 우유를 끓인 후 믹서에 넣어 곱게 갈고 소금, 후춧가루로 간을 한 다음 차갑게 식혀 작두콩 소스를 만든다.
3. 통밀은 하루 전날 물에 불렸다가 통밀이 터지지 않을 때까지 물에 삶는다.
4. 그린빈은 끓는 물에 데쳐 물기를 제거한 다음 1cm 길이로 자르고, 토마토는 끓는 물에 데쳐 껍질을 벗긴 다음 1cm 크기의 주사위 모양으로 자른다.
5. 3의 삶은 통밀, 4의 그린빈과 토마토를 볼에 담아 섞은 후 엑스트라버진 올리브오일을 뿌리고 소금, 후춧가루로 간을 한다.
6. 화이트 아스파라거스는 감자칼을 사용하여 섬유질을 제거하고 끓는 물에 데친 후 찬물에 식혀 물기를 제거한다.
7. [블랙 올리브 파우더] 블랙 올리브는 먼저 거즈로 수분을 제거하고, 50℃로 예열한 오븐에서 5시간 정도 건조하여 수분을 완전히 제거한 다음 믹서에 넣고 갈아 파우더로 만든다.
8. [플레이팅] 5를 접시에 길게 담고, 그 위에 6의 화이트 아스파라거스를 놓은 후 작두콩 소스를 올리고 블랙 올리브 파우더를 뿌린다. 민트와 딜로 장식한다.

채소·과일류

대파와 마늘 칩을 곁들인
브로콜리 주

🍴 포치(poach)는 물이나 육수에 삶는 것, 포치드 에그(poached egg)로 알려져 있는 삶은 달걀요리에 많이 사용되는 조리법이다.

재료	대파(흰 부분) 2줄기, 다진 마늘 1큰술, 마늘 2쪽, 브로콜리 1송이, 닭 육수 600mL, 식용유 200mL, 월계수 잎 1장, 엑스트라버진 올리브오일 3큰술, 화이트와인 2큰술, 검은 통후추 5~8알, 소금 약간, 타임, 쏘렐
닭 육수	닭뼈 200g, 양파 1/2개, 통마늘 2쪽, 셀러리 1/3줄기, 대파(흰 부분) 1줄기, 월계수 잎 1장, 검은 통후추 5알, 정종 10mL, 물 300mL

만들기

1. [닭 육수] 닭뼈는 지방을 모두 제거하고, 끓는 물에 짧은 시간 데친다.
2. 다른 냄비에 1의 닭뼈와 분량의 재료를 모두 넣고 강한 불에서 끓이다가 중간 불에서 10~20분 더 끓인다.
3. 뚜껑을 덮지 않고, 육수 위로 떠오르는 거품과 기름을 제거하며 끓인 후 체에 걸러 닭 육수를 완성한다.
4. 닭 육수 300mL에 5cm 길이로 자른 대파와 후추, 다진 마늘, 소금, 월계수 잎을 넣고 약한 불에서 10분간 끓인다.
5. 4에서 삶은 한 대파를 직화로 구워 색과 향을 낸다.
6. [브로콜리 주] 닭 육수 300mL에 화이트와인, 엑스트라버진 올리브오일을 넣고 강한 불에서 끓인 후 브로콜리의 1/3을 살짝 데쳐 잘게 다듬는다.
7. 6의 육수에 남은 브로콜리 2/3를 넣고 끓여 믹서에 곱게 갈고 체에 거른 후 6의 브로콜리와 같이 진공 포장한다.
8. 52℃의 물에서 15분간 수비드 하여 브로콜리 주를 만든다.
9. 마늘 2쪽을 얇게 슬라이스 하여 165℃의 식용유에 연한 갈색으로 튀긴 후 키친타월에 올려놓고 건조하여 마늘 칩을 만든다.
10. [플레이팅] 볼의 중앙에 브로콜리 주를 담고 5의 대파를 놓은 다음 대파 위에 마늘 칩을 올린다. 타임과 쏘렐로 장식한다.

구운 엔다이브와 오렌지, 방울토마토

 엔다이브는 소화가 잘되고 수분이 풍부하며 칼로리가 매우 낮아 샐러드에 즐겨 넣어 먹는 채소

재료 엔다이브 1포기, **방울토마토** 2개, **오렌지** 1/2개, **그라나 파다노 치즈** 10g, **설탕** 1큰술, 딜

만들기

1. 엔다이브는 길이로 2등분 한다.
2. 길이로 2등분 한 엔다이브를 다시 2등분 한 다음 프라이팬에 담아 강한 불에서 갈색이 나도록 굽는다.
3. 설탕을 팬에 넣고 약한 불에 녹여 캐러멜로 만든 후 **2**의 팬에 넣어 구운 엔다이브를 약한 불에서 익힌다.
4. 방울토마토는 끓는 물에 잠깐 데쳐 껍질을 벗긴다.
5. 오렌지는 껍질을 벗기고 과육만 반달 모양으로 준비한 다음 강한 불에서 살짝 굽는다.
6. [플레이팅] **3**의 엔다이브와 **4**의 방울토마토를 접시에 담고 구운 오렌지와 그라나 파다노 치즈 슬라이스를 올린 후 딜로 장식한다.

memo
딜과 그라나 파다노 치즈는 각각 특유의 향이 진하지만 두 향이 결합하면 구운 채소요리에 잘 스며들어 요리의 완성도를 높여준다.

채소 · 과일류

구운 채소와 딸기 스틱

🍴 딸기 스틱은 스틱이라고 하지만 딱딱하지 않고 말캉말캉한 젤리 타입이다.

재료  3색 파프리카 1/2개씩, 가지 1/2개, 주키니 1/4개, 참두릅 2개, 딸기 10개, 구연산 1/5작은술, 설탕 1작은술, 화이트와인 1큰술, 소금 약간

만들기

1. 파프리카는 직화로 구워 찬물에 식힌 후 문질러 껍질과 씨를 제거하고 가로 4cm, 세로 7cm 크기로 자른다.
2. 가지와 주키니는 0.4cm 두께로 슬라이스 하여 직화로 굽는다.
3. 참두릅은 끓는 물에 살짝 데친 후 찬물에 식히고 물기를 제거하여 직화로 굽는다.
4. [딸기 스틱] 화이트와인을 팬에 붓고 강한 불에서 끓여 알코올을 제거한다.
5. 딸기는 믹서에 넣고 갈아 즙을 만든다.
6. 5의 딸기즙에 알코올을 제거한 화이트와인과 구연산, 설탕, 소금을 넣어 녹인 후 체에 거른다.
7. 6을 베이킹 시트 위에 펴 바른 후 오븐 팬에 담고, 60℃로 예열한 오븐에서 천천히 구워 수분을 없앤 다음 오븐에서 꺼내 실온에서 식힌다.
8. 스패튤러를 사용하여 딸기즙과 베이킹 시트를 분리하면서 빨대처럼 말아 딸기 스틱을 만든다.
9. 2의 가지와 주키니, 3의 참두릅은 1의 파프리카 크기에 맞춰 자른다.
10. [플레이팅] 색상의 조화를 고려하여 접시에 구운 채소를 층층이 올리고 딸기 스틱을 곁들인다.

memo
딸기 스틱을 만들 때 오븐 온도를 60℃ 이하로 설정하면 천연색의 변화를 최소화할 수 있다.

채소 · 과일류

셀러리 피클을 곁들인
훈제 샬롯

 상큼한 샬롯의 맛 뒤에 은은한 스모키향도 있어 이탈리아 레드와인과 아주 좋은 궁합

재료	샬롯 2개, 복숭아 1개, 휘핑크림(무가당) 200mL, 바다포도 2~3줄기, 식용유 1큰술, 민트
셀러리 피클	라벤더 티백 1개, 피클주스 400mL, 셀러리 1줄기

만들기

1. 샬롯은 껍질을 벗기고 원형으로 반 잘라 식용유를 두른 프라이팬에 담고 강한 불에서 구워 진하게 색을 낸다.
2. *1*의 샬롯을 가정용 훈연기에 넣고 2시간 동안 훈연하여 실온에 보관한다.
3. [복숭아 폼] 복숭아는 껍질과 씨를 제거하고 잘라 휘핑크림과 같이 믹서에 넣어 갈고 체에 걸러 폼으로 만든다. 휘핑건에 담아 준비한다.
4. [셀러리 피클] 셀러리는 감자칼을 사용하여 껍질과 잎을 제거하고 얇게 슬라이스 한 다음 피클주스에 2~3시간 넣어 피클로 만든다.
5. 라벤더 티백으로 따뜻하고 진한 차를 만든다.
6. [플레이팅] 오목한 접시에 라벤더 차를 부어 *2*의 샬롯을 담고 중앙에 복숭아 폼을 짠다.
7. 셀러리 피클과 염장이 된 바다포도를 올리고 민트로 장식한다.

memo

바다포도 : 해초의 한 종류로, 톡톡 터지는 식감이 독특하며 포도와 생김새가 비슷하여 바다포도라 불린다.

채소 · 과일류

민트 겔을 곁들인 콩 샐러드

민트 겔을 곁들인 콩 샐러드는 간단한 아침식사 대용으로도 좋은, 건강 다이어트 요리

재료	병아리콩 1작은술, 강낭콩 1/2작은술, 완두콩 1큰술, 마늘 2쪽, 어린잎 20g, 대파(흰 부분) 약간, 식용유 200mL, 민트 겔 4큰술, 민트 잎
민트 겔	민트 2줄기, 생크림 100mL, 구연산 1/4작은술, 설탕·소금 약간씩

만들기

1. 각종 콩은 물에 12시간 이상 충분히 불린 후 각각 삶아 체에 거른 다음 실온에 보관한다.
2. 마늘을 얇게 슬라이스 하여 165℃의 식용유에 연한 갈색으로 튀긴 후 키친타월에 올려놓고 건조하여 마늘 칩을 만든다.
3. 대파는 5cm 길이로 얇게 슬라이스 한다.
4. 슬라이스 한 대파는 찬물에 넣고 끈적끈적한 점액질이 없어질 때까지 헹궈 체에 거른 후 타월로 물기를 제거한다.
5. [민트 겔] 민트는 줄기를 제거하여 생크림, 구연산, 설탕, 소금과 같이 믹서에 넣어 곱게 갈고 체에 거른다.
6. 5를 팬에 담아 약한 불에서 중탕하고 수분을 제거하여 민트 겔을 만든다. 튜브에 담는다.
7. [플레이팅] 민트 겔을 왼쪽 사진과 같이 접시에 예쁘게 플레이팅 하고, 삶은 콩을 겔 한쪽 위로 놓은 후 어린잎, 2의 마늘 칩, 4의 대파 슬라이스를 올린다. 민트 잎으로 장식한다.

memo
크림에 강한 산성(구연산)이 첨가되면 생크림이 투명해져 맑고 걸쭉한 점성을 가진 소스를 만들 수 있다.

수비드 한 가지와
가지 퓌레

 가지 퓌레는 스테이크 소스로 사용해도 아주 좋은, 안셰프의 강추 소스

재료 가지 3개, 다진 양파 2큰술, 다진 마늘 2큰술, 생크림 1큰술, 가지 퓌레 2큰술, 엑스트라버진 올리브오일 1큰술, 식용유 1큰술, 코코넛오일 1작은술, 소금·설탕 약간씩, 어린잎

만들기

1. **[수비드 한 가지]** 가지 1개를 0.5cm 두께로 길게 잘라 엑스트라버진 올리브오일, 코코넛오일, 소금과 같이 진공 포장한다.

2. **1**을 30℃ 이하의 물에서 시작하여 56℃를 유지한 상태로 30분간 수비드 한 다음 진공 포장을 뜯어 가지의 수분을 제거하고 나선형으로 말아 준비한다.

3. **[가지 퓌레]** 다른 가지 1/2개를 잘게 자르고, 식용유를 두른 프라이팬에서 다진 양파 1큰술, 다진 마늘과 같이 강한 불에서 같이 볶는다.

4. **3**에 생크림, 소금, 설탕을 넣어 약한 불에서 1/3로 졸인 후 믹서에 곱게 갈고 체에 걸러 가지 퓌레를 만든다.

5. **[가지 칩]** 3에서 사용하고 남은 가지 1/2개를 얇게 잘라 70℃로 예열한 오븐에서 15분 정도 굽는다.

6. 가지에 갈색이 나면 전원을 끄고 그대로 오븐에 보관히여 수분을 완전히 제거해 가지 칩을 만든다.

7. 남은 가지 1개를 180℃로 예열한 오븐에서 20분간 통으로 구워 반으로 갈라 속을 파내고, 파낸 부분과 다진 양파 1큰술을 팬에서 같이 볶은 후 간을 한다.

8. **[플레이팅]** 수비드 한 가지, 가지 퓌레, 가지 칩, 7의 가지를 왼쪽 사진과 같이 접시에 플레이팅 하고 어린잎을 올려 장식한다.

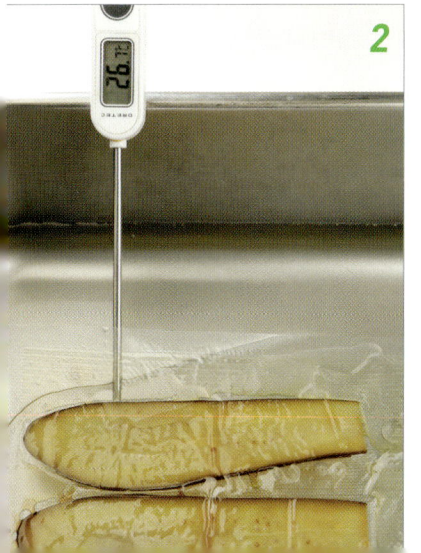

알프스오토메 콩포트를 곁들인 아스파라거스

> 콩포트(compote)는 과일이나 채소에 설탕을 넣고 졸여 만든 프랑스 요리. 잼과 비슷하지만 주재료가 눈에 보이는 것이 특징이다.

| 재료 | 화이트 아스파라거스 2줄기, 그린 아스파라거스 3줄기, 화이트 발사믹식초 1/2작은술, 알프스오토메 콩포트 3큰술, 엑스트라버진 올리브오일 1큰술, 퓨어 올리브오일 2큰술, 소금·검은 후춧가루 약간씩, 차이브, 식용 꽃 |

| 알프스오토메 콩포트 | 알프스오토메 6개, 레몬즙 2큰술, 양파 1/4개, 생크림 100mL, 설탕 1/2작은술, 머스터드씨드 1/4작은술, 소금 약간 |

만들기

1. 아스파라거스는 감자칼을 사용하여 껍질을 제거한다.
2. 화이트 아스파라거스 2줄기와 그린 아스파라거스 2줄기는 소금, 후춧가루, 엑스트라버진 올리브오일, 화이트 발사믹식초와 같이 진공 포장한다.
3. **2**를 30℃ 이하의 물에서 시작하여 56℃를 유지한 상태로 30분간 수비드 한다.
4. 남은 그린 아스파라거스 1줄기는 소금, 후춧가루, 퓨어 올리브오일을 뿌려 직화로 굽는다.
5. [알프스오토메 콩포트] 알프스오토메는 씨를 제외한 과육 부분만 브뤼누아즈로 자르고 양파도 같은 크기로 자른다.
6. **5**를 레몬즙, 설탕, 소금, 머스터드씨드와 같이 팬에 넣고 약한 불에서 천천히 졸여 걸쭉한 상태의 알프스오토메 콩포트를 만든다.
7. **3**의 아스파라거스는 진공 포장을 뜯고 키친타월로 물기를 제거한다.
8. [플레이팅] **4**와 **7**의 아스파라거스를 접시에 담고, 그 위에 알프스오토메 콩포트를 올린 후 차이브와 식용 꽃으로 장식한다.

memo
- 알프스오토메 : 미니 꽃사과의 일종. 일본에서 변종으로 발견된 품종이다.
- 브뤼누아즈(brunoise) : 가로, 세로, 높이 0.3cm 정도의 주사위 모양으로 자르는 것을 뜻한다.

밤 소스를 채운 양송이버섯

🍴 밤 소스를 채운 양송이버섯은 배부르지 않고 한입 요리로 아주 좋은, 와인과 잘 어울리는 요리

재료	양송이버섯 4~5개, 베이컨 2장, 밤 소스 150mL, 엑스트라버진 올리브오일 1큰술, 소금·후춧가루 약간씩, 타임
밤 소스	깐 밤 4개, 설탕 1/4큰술, 우유 150mL

 만들기

1. 베이컨은 프라이팬에서 구워 잘게 다지고 키친타월로 기름을 제거한다.
2. [밤 소스] 밤은 잘게 슬라이스 하여 우유와 같이 냄비에 넣고 부드럽게 싦은 후 설딩을 넣고 믹서에 부드럽게 갈아 밤 소스를 만든다.
3. 밤 소스를 볼에 담아 식힌 후 튜브에 담아 준비한다.
4. 양송이버섯은 껍질을 벗기고 기둥을 떼어낸 후 엑스트라버진 올리브오일을 뿌리고 소금, 후춧가루로 간을 한다.
5. 4를 170℃로 예열한 오븐에서 5분 정도 살짝 익힌 다음 버섯에 고인 물을 따라내고 식힌다.
6. [플레이팅] 버섯이 구르지 않도록 밑부분을 자르고, 밤 소스가 버섯 위로 볼록하게 올라오도록 짠 후 1의 베이컨을 뿌린다. 타임으로 장식한다.

memo
양송이버섯을 구우면 구수한 맛이 나는데, 이는 삶은 밤과 맛이 비슷하여 조화를 잘 이루며 버터와 같이 부드러운 질감을 느낄 수 있다.

채소·과일류

오렌지 소스를 곁들인
구운 당근과 사과

| 재료 | 당근 1/2개, 사과 1개, 딸기 10개, 오렌지 소스 70mL, 설탕물 100mL, 크레송 |

| 오렌지 소스 | 오렌지 1개, 레몬 1/2개, 생크림 100mL, 오렌지주스 200mL, 설탕물 100mL |

만들기

1. [오렌지 소스] 냄비에 오렌지주스를 붓고 약한 불에서 1/3로 졸인 후 껍질을 벗긴 오렌지와 레몬 과육, 생크림을 넣고 다시 약한 불에서 1/3로 졸여 오렌지 소스를 만든다. 식힌 후 튜브에 담아 준비한다.
2. 사과는 가로 1cm, 세로 7cm, 두께 1cm의 크기로 자르고, 설탕물에 잠시 넣어 갈변현상을 제거한 다음 건조기에서 38℃로 70% 정도 건조한다(약 4~5시간).
3. 딸기는 1cm 크기의 주사위 모양으로 썰고 건조기에 넣어 완전히 건조한다.
4. 당근은 감자칼을 사용하여 껍질을 제거하고 0.2cm 두께의 원 모양으로 얇게 슬라이스 한 다음 프라이팬에 넣어 중간 불에서 굽는다.
5. [플레이팅] 4의 구운 당근을 접시에 놓고, 2의 사과와 3의 딸기, 오렌지 소스를 왼쪽 사진과 같이 플레이팅 한다. 크레송으로 장식한다.

memo
당근은 구울 때 너무 진한 갈색이 되지 않도록 주의하고, 과일은 건조하기 전에 연한 설탕물에 넣었다가 사용한다.

채소 · 과일류

구운 버섯과 견과류 파우더

🍴 텃밭 같은 느낌으로 연출. 이런 연출은 북유럽에서 시작하여 현대적으로 유행한 플레이팅이다.

재료	표고버섯 1개, 만가닥버섯 4줄기, 큐민씨드 1/2작은술, 발사믹식초 1작은술, 화이트 발사믹식초 1/2작은술, 견과류 파우더 3큰술, 소금·설탕 약간씩, 꼬마당근과 셀러리 피클, 이탈리안 파슬리, 타임
견과류 파우더	참깨·흑임자 1작은술씩, 피칸 3개, 땅콩 4~5개
꼬마당근과 셀러리 피클	꼬마당근 2개, 셀러리(작은 것) 1/4줄기, 화이트 발사믹식초 1/2작은술, 식용유 1큰술, 물 50mL, 설탕 약간

만들기

1. 큐민씨드는 프라이팬에 담아 약한 불에서 볶은 후 믹서에 넣고 갈아서 준비한다.
2. 버섯은 강한 불에서 색이 나도록 볶은 후 크기에 따라 2~4등분 한다.
3. 2를 믹싱볼에 담고 1의 큐민씨드와 소금, 설탕, 발사믹식초, 화이트 발사믹식초를 넣어 양념한다.
4. [견과류 파우더] 참깨, 흑임자, 피칸, 땅콩을 각각 프라이팬에 넣고 연한 갈색이 되도록 약한 불에서 볶은 후 거칠게 다지고 섞는다.
5. [꼬마당근과 셀러리 피클] 꼬마당근과 셀러리는 감자칼을 사용하여 껍질을 벗기고 끓는 물에 잠깐 데친 후 식용유를 두른 프라이팬에 넣어 강한 불에서 볶다가 화이트 발사믹식초와 물, 설탕을 넣고 약한 불에서 졸여 피클을 만든다. 실온에 보관한다.
6. [플레이팅] 견과류 파우더를 접시에 담고, 그 위에 양념한 버섯을 놓은 후 양 옆으로 꼬마당근과 셀러리 피클을 세운다. 이탈리안 파슬리와 타임으로 장식한다.

memo
- 버섯은 장시간 조리하지 않도록 주의한다.
- 꼬마당근과 셀러리는 강한 불에서 볶다가 화이트 발사믹식초, 물, 설탕을 넣고 향을 낸 다음 재빨리 불을 끄고 접시에 담아 식힌다.

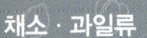채소·과일류

당근 튀김과 당근 퓌레

재료 당근 2개, 레몬즙 1큰술, 화이트와인 1큰술, 물 2큰술, 생크림 3.5큰술, 타임 2~3줄기, 식용유 250mL, 소금·설탕 약간씩

만들기

1. 당근 1개는 감자칼을 사용하여 껍질을 제거하고, 1개는 잘게 잘라 끓는 물에 100% 삶는다.

2. [당근 파우더] 남은 당근 1개는 2등분 한다.

3. 2등분 한 당근 중 하나는 0.3cm 두께로 얇게 슬라이스 하여 화이트와인, 소금, 설탕에 20분간 절인 다음 120℃로 예열한 오븐에서 15분간 굽는다.

4. 3을 다시 건조기에서 38~40℃로 2시간 정도 건조한 후 믹서에 넣고 갈아 당근 파우더를 만든다.

5. [당근 튀김] 2등분 하고 남은 당근은 회전 채칼(스파이럴라이저)을 사용하여 가늘게 썰고 원기둥 모양으로 둥글게 말아 160℃의 식용유에 연한 갈색으로 튀긴 후 한입 크기로 자른다.

6. [당근 퓌레] 1의 삶은 당근은 물, 생크림, 타임, 레몬즙과 같이 팬에 넣고 약한 불에서 1/2이 되도록 끓인 후 믹서에 넣어 갈고 체에 걸러 당근 퓌레로 만든다. 식힌 후 튜브에 담아 준비한다.

7. [플레이팅] 당근 퓌레를 왼쪽 사진과 같이 접시에 플레이팅 하고, 사이사이에 당근 튀김을 놓은 후 당근 파우더를 뿌린다.

memo
퓌레(purée) : 과일, 채소, 콩 등을 으깨거나 갈아 만든 걸쭉한 액즙 상태로, 종류에 따라 껍질과 씨를 제거한 후 사용한다.

채소 · 과일류

토마토 샌드위치와 스위트 허니 드레싱

재료 토마토(빨강, 초록) · 방울토마토 1개씩, 피칸 3~4개, 마늘 4쪽, 바질 1줄기, 바게트 1조각, **스위트 허니 드레싱** 2큰술, **엑스트라버진 올리브오일** 1큰술, **식용유** 200mL, **소금** 약간

스위트 허니 드레싱 꿀 · 레몬즙 1작은술씩, 마요네즈 1큰술, 소금 약간

만들기

1. 각색 토마토는 끓는 물에 잠깐 데쳐 껍질을 벗기고 0.6cm 두께의 링 모양으로 자른다.
2. 피칸은 프라이팬에 넣어 약한 불에서 볶은 후 곱게 다진다.
3. 마늘 2쪽을 0.3cm 두께로 얇게 슬라이스 하여 165℃의 식용유에 연한 갈색으로 튀긴 후 키친타월에 올려놓고 건조하여 마늘 칩을 만든다.
4. 마늘 2쪽과 바질은 다지고, 1의 토마토에 다진 마늘, 다진 바질, 엑스트라버진 올리브오일, 소금을 뿌려 60℃로 예열한 오븐에서 30분간 구운 다음 오븐에서 꺼내 실온에 보관한다.
5. [스위트 허니 드레싱] 꿀 : 레몬즙 : 소금 : 마요네즈를 1 : 1.5 : 0.3 : 3의 비율로 믹싱볼에 넣고 섞어 허니 드레싱을 만든다.
6. 바게트는 길이로 반 자르고 15cm 길이, 1.5cm 두께로 잘라 석쇠에서 약한 불에 직화로 굽는다.
7. [플레이팅] 구운 바게트에 4의 토마토를 놓고, 그 위에 2의 피칸과 3의 마늘 칩을 올린 후 스위트 허니 드레싱을 곁들인다.

memo 다양한 각색 토마토와 견과류(땅콩, 잣, 아몬드)를 사용하여 더욱 풍성한 요리를 만들 수 있다.

채소 · 과일류

아보카도와 포도 파니니

재료	아보카도 1/2개, 레몬즙 2큰술, 포카치아 1조각, 잣 10알, 포도 5알, 바질 잎 1장, 크림치즈 1큰술, 아보카도 무스 2큰술, 블랙 올리브 10개
아보카도 무스	아보카도 1/2개, 생크림 1큰술, 레몬즙 2큰술, 소금·설탕 약간씩

 만들기

1. 포카치아는 0.5cm 두께로 잘라 파니니 그릴에 구운 다음 50℃로 예열한 오븐에서 10~15분간 건조하여 드라이 한다.

2. 아보카도는 껍질과 씨를 제거하고 1/2개는 0.3cm 두께로 슬라이스 한다.

3. [아보카도 무스] 남은 아보카도 1/2개는 생크림, 레몬즙, 소금, 설탕과 같이 믹서에 넣어 갈고 체에 걸러 무스로 만든다.

4. 잣은 프라이팬에 넣어 약한 불에서 연한 갈색이 되도록 볶고, 바질 잎은 슬라이스 한다.

5. 포도는 0.3cm 두께의 링 모양으로 슬라이스 하여 레몬즙에 넣어둔다.

6. [블랙 올리브 파우더] 블랙 올리브는 먼저 거즈로 수분을 제거하고, 50℃로 예열한 오븐에서 5시간 정도 건조하여 수분을 완전히 제거한 다음 믹서에 넣고 갈아 파우더로 만든다.

7. [플레이팅] 1의 포카치아에 크림치즈와 아보카도 무스를 바르고 2의 아보카도와 5의 포도를 번갈아 가며 놓는다.

8. 그 위에 4의 잣과 슬라이스 한 바질 잎을 올리고 블랙 올리브 파우더를 뿌린다.

memo
파니니(panini) : 밀라노에서 시작된 패스트푸드로, 빵 사이에 치즈나 채소를 넣어 만든 샌드위치이다. 정식 명칭은 파니니 프레스이지만 파니니 그릴로 많이 불린다.

채소 · 과일류

당근버터를 바른
비트 피자

🍴 구운 비트와 당근버터가 더해져 고급스런 고구마 맛이 나는 오픈 샌드위치. 기포가 있는 음료와 함께 하면 더욱 좋다.

| 재료 | 비트 1/2개, 당근 1개, 바게트 3장, 버터 1큰술, 채소 육수 500mL, 퓨어 올리브오일 300mL, 소금·후춧가루 약간씩, 어린잎 20g, 딜 |

| 채소 육수 | 양파 2개, 당근 1/2개, 셀러리 1줄기, 마늘 3쪽, 물 2L, 월계수 잎 2장 |

만들기

1. [채소 육수] 양파, 당근, 셀러리는 1cm 두께로 썰고, 마늘은 칼등으로 부순 다음 냄비에 물, 월계수 잎과 같이 넣고 끓인다.
2. 물이 끓기 시작하면 약한 불에서 30분 더 끓이다가 체에 걸러 채소 육수를 만든다.
3. 버터는 실온에 두어 부드럽게 한다.
4. 껍질을 제거한 비트에 원통형 틀을 눌러 끼웠다가 빼내어 틀 안에 있는 비트를 꺼낸 다음 0.5cm 두께로 썬다.
5. 프라이팬에 퓨어 올리브오일을 넣고 4의 비트를 앞뒤로 익힌 후 식혀 기름을 제거한다.
6. [당근버터] 당근을 얇게 슬라이스 하고 채소 육수를 담은 냄비에 넣어 부드럽게 삶아 건져낸 후 믹서에 곱게 갈아 소금, 후춧가루로 간을 하고 식힌다.
7. 3의 버터를 6과 섞어 당근버터를 만들고, 1/3은 짤주머니에 담아 준비한다.
8. 바게트는 2cm 두께로 잘라 토스터나 오븐에 굽는다.
9. [플레이팅] 구운 바게트 위에 당근버터를 넉넉히 바른 후 5의 비트를 촘촘히 깔고, 그 위에 당근버터를 짠다. 어린잎과 딜로 장식한다.

채소 · 과일류

겨자 소스를 곁들인
견과류 크러스트

재료 오이 1/4개, 사과 1/6개, 표고버섯 1/2개, 아몬드·피칸 3개씩, 겨자 소스 2큰술, 그라나 파다노 치즈 10g

겨자 소스 연겨자 1/2작은술, 설탕 1작은술, 다진 마늘 1/2큰술, 잣 10알, 레몬즙 4큰술, 참기름 1/2작은술

만들기

1. [겨자 소스] 믹싱볼에 잣을 다져 넣고 연겨자, 설탕, 다진 마늘, 레몬즙, 참기름을 넣어 설탕이 모두 녹을 때까지 믹싱하여 겨자 소스를 만든 다음 실온에 보관한다.

2. 오이는 감자칼을 사용하여 가시를 제거하고 가로 2cm, 세로 5cm, 두께 0.5cm의 크기로 자른다.

3. 사과는 씨를 제거하고 가로 2cm, 세로 5cm, 두께 0.5cm의 크기로 자른다.

4. 표고버섯은 생으로 기둥을 제거하고 0.3cm 두께로 슬라이스 한다.

5. 아몬드와 피칸은 프라이팬에 넣어 약한 불에서 4~6분간 볶은 후 곱게 다진다.

6. [플레이팅] 2의 오이와 3의 사과, 4의 표고버섯을 겨자 소스와 같이 믹싱볼에 넣고 섞은 후 나무접시의 중앙에 담는다.

7. 그 위에 5의 아몬드와 피칸을 뿌린 후 감자칼을 사용하여 슬라이스 한 그라나 파다노 치즈를 올린다.

memo 견과류를 제외한 모든 재료는 생으로 사용한다.

재소 · 과일류

과일 샐러드와
허브 요거트 소스

🍴 영양소가 골고루 잘 갖춰진 시리얼 느낌의 아침 식사, 아침을 일깨워 주는 기분 좋은 요리

재료 살구 1개, 자몽·오렌지 1/4개씩, 레몬 1개, 콜리플라워 1/3송이, 통밀 50g, 헤이즐넛 5알, 그린빈 2줄기, 허브 요거트 소스 200mL, 엑스트라버진 올리브오일 1큰술, 소금·후춧가루 약간씩

허브 요거트 소스 요거트 1개, 레몬주스 20mL, 민트 잎 10장, 꿀 1큰술

만들기

1. [허브 요거트 소스] 민트 잎은 잘게 다지고 분량의 재료를 볼에 모두 넣고 잘 섞어 허브 요거트 소스를 만든다.
2. 통밀은 하루 전날 물에 불렸다가 통밀이 터지지 않을 정도로 삶은 후 찬물에 식혀 헹구고 물기를 제거한다.
3. 레몬은 껍질을 벗기고 반달 모양으로 잘라 얇게 슬라이스 한 다음 건조기에서 70℃로 6시간 정도 바삭하게 건조한다.
4. 콜리플라워와 그린빈은 잘게 잘라 끓는 물에 데친 후 찬물에 식혀 물기를 제거한다.
5. 오렌지와 자몽은 껍질을 벗겨 과육만 발라내고 초승달 모양으로 3등분 한 다음 다시 반으로 자른다.
6. 살구는 껍질을 벗겨 씨를 제거하고 초승달 모양으로 6등분 하여 자른 후 토치로 겉을 굽는다.
7. 헤이즐넛은 약한 불에서 살짝 볶는다.
8. [플레이팅] 2의 통밀, 4의 콜리플라워와 그린빈은 엑스트라버진 올리브오일, 소금, 후춧가루로 간을 하여 허브 요거트 소스와 같이 볼에 담는다.
9. 3의 레몬, 5의 오렌지, 6의 살구, 7의 헤이즐넛을 올려 요리를 완성한다.

채소 · 과일류

엔초비 소스를 바른 로메인

🍴 로메인은 상추처럼 생겼으나 질감이 더 바삭하여 씹는 맛이 좋고, 남녀노소 모두 좋아하는 샐러드

재료	로메인 5장, 베이컨 2장, 아몬드 5개, 그라나 파다노 치즈 10g, 엔초비 소스 3큰술
엔초비 소스	양파 1/4개, 엔초비 3마리, 케이퍼 1/2큰술, 마요네즈 100g, 다진 마늘 1작은술, 나진 파슬리 1/2큰술, 레몬주스 30mL, 소금·후춧가루·설탕 약간씩

만들기

1. **[엔초비 소스]** 양파, 케이퍼, 엔초비는 다지고, 분량의 재료를 볼에 모두 넣고 잘 섞어 엔초비 소스를 만든다.
2. 로메인은 물에 담가 싱싱하게 한 다음 물기를 털어낸다.
3. 아몬드는 고소한 맛을 살리기 위해 볶아서 으깬다.
4. 베이컨은 2cm 길이로 잘라 프라이팬에 볶은 후 키친타월로 기름을 제거한다.
5. 로메인은 뿌리 부분을 잘라내고 넓은 잎사귀 부분에 엔초비 소스를 얇게 바른다.
6. **[플레이팅]** 엔초비 소스를 바른 로메인 사이사이에 **3**의 아몬드와 **4**의 베이컨을 켜켜이 뿌린 후 겹친다.
7. 그라나 파다노 치즈를 치즈 그레이터에 놓고 갈아서 로메인 위에 뿌린다.

memo
엔초비(anchovy)는 지중해나 유럽 근해에서 나는 멸치류의 작은 물고기로, 소금을 뿌려 올리브오일에 절인 저장 음식이다. 새콤하게 절여 통조림으로 만든 것도 있다.

채소·과일류

뢰스티

🍴 뢰스티(röesti)는 감자와 채소를 삶아 잘게 채 썰고 베이컨을 넣어 볶다가 치즈를 올려 구워낸 스위스식 감자전

재료 감자 2개, 양파 1/4개, 달걀 1개, 베이컨 100g, 피자치즈 200g, 식용유 3큰술, 소금·후춧가루 약간씩

만들기

1. 감자는 흙을 씻어내고 3등분 하여 물에 삶은 후 찬물에 식힌다. 푹 삶지 않고 젓가락으로 찔렀을 때 약간 단단한 느낌이 있을 때가 적당히 익은 상태이다.
2. 식힌 감자는 얇게 슬라이스 한다.
3. 베이컨은 2cm 길이로 자르고 양파는 다진다.
4. 프라이팬에 식용유 2큰술을 두르고 3의 베이컨과 양파를 넣어 볶는다.
5. 4에 2의 감자를 넣고 소금, 후춧가루로 간을 하여 볶다가 전처럼 모양을 잡아 약한 불에서 앞뒤로 돌려가며 바삭하게 굽는다.
6. 5를 접시에 담아 피자치즈를 올리고, 접시째 오븐에 넣어 치즈가 녹을 때까지 익힌다.
7. 치즈가 녹는 동안 프라이팬에 식용유 1큰술을 두르고 약한 불에서 달걀을 한쪽 면만 익힌다.
8. [플레이팅] 오븐에서 6의 접시를 꺼내고, 그 위에 한쪽 면만 익힌 달걀을 올려 요리를 완성한다.

2

5

6

memo 전분이 적은 감자는 수분이 많아 잘 구워지지 않으므로 뢰스티를 만들 때는 전분의 양이 적당한 감자를 선택해야 한다.

채소 · 과일류

토마토 주를 곁들인
방울토마토와 절인 오이

🍴 **소스, 주 플레이팅** : 요리에 사용되는 소스가 차갑게 제공되는 경우 튜브나 짤주머니를 사용하여 윤곽을 그려 원하는 모양을 만들고, 키친타월로 모서리 부분을 정리하여 플레이팅을 완성하는 방법이 일반적이다.

재료 방울토마토 7~8개, 오이 1/2개, 레몬즙 2큰술, 구연산 1/4작은술, 타임 3줄기, 바질 잎 5장, 발사믹리덕션 50mL, 엑스트라버진 올리브오일 1작은술, 연한 소금물 200mL, 검은 후춧가루·소금 약간씩

만들기

1. 방울토마토는 끓는 물에 잠깐 데쳐 껍질을 벗기고, 그중 2개는 60℃로 예열한 오븐에서 15분간 구운 다음 전원을 끄고 오븐에 그대로 둔다.

2. [토마토 주] 남은 방울토마토 5개와 구연산, 소금, 레몬즙, 타임 1줄기, 바질 잎 4장, 엑스트라버진 올리브오일, 검은 후춧가루를 핸드믹서로 곱게 갈고 체에 거른다.

3. 2를 팬에 담고 약한 불에서 1/3로 졸여 토마토 주를 만든다. 식힌 후 튜브에 담아 냉장 보관한다.

4. 오이는 감자칼을 사용하여 가시를 제거하고 0.2cm 두께로 얇게 슬라이스 한다.

5. 얇게 슬라이스 한 오이를 10분간 연한 소금물에 절여 숨을 죽인 후 둥글게 말아 준비한다.

6. [플레이팅] 토마토 주를 왼쪽 사진과 같이 플레이팅 하고, 그 위에 1의 방울토마토와 5의 오이를 놓은 후 발사믹리덕션을 예쁘게 돌려 담는다. 타임과 바질 잎으로 장식한다.

memo
발사믹리덕션 : 발사믹식초를 약한 불에서 1/3 이상 졸여 만든 걸쭉한 액체 상태로 육수, 와인, 소스 등을 농축하여 걸쭉해진 상태를 모두 리덕션(reduction)이라 할 수 있다.

채소 · 과일류

비트 소스를 곁들인
가지 구이

 여러 가지 허브를 이용하여 부드러운 가지와 조화를 이뤄낸 이국적인 애피타이저

재료 가지 1개, 비트 소스 100mL, 아이리시 스타우트 머스터드 적당량, 엑스트라버진 올리브오일 2큰술, 소금 · 후춧가루 약간씩, 한련화 잎, 쏘렐, 딜, 식용 꽃

비트 소스 비트 1/4개, 땅콩오일 1큰술, 우유 300mL, 감자전분 적당량, 소금 · 후춧가루 약간씩

만들기

1. 가지는 씻어서 물기를 제거하고 양쪽 끝을 잘라내어 길게 3등분 한다.
2. 3등분 한 가지에 엑스트라버진 올리브오일을 뿌리고 소금, 후춧가루로 간을 하여 석쇠에 앞뒤로 굽는다.
3. [비트 소스] 비트는 껍질을 제거하여 얇게 슬라이스 한 다음 우유와 같이 냄비에 넣어 삶는다.
4. 3을 믹서에 넣고 감자전분을 조금씩 넣으면서 농도를 맞춘다.
5. 농도가 맞춰졌으면 땅콩오일을 넣고 소금, 후춧가루로 간을 하여 믹서에 부드럽게 갈아 비트 소스를 만든다. 식힌 후 짤주머니에 담아 준비한다.
6. [플레이팅] 2의 가지를 나무접시에 놓고 아이리시 스타우트 머스터드와 비트 소스를 번갈아 가며 짠다. 한련화 잎, 쏘렐, 딜, 식용 꽃으로 장식한다.

memo
아이리시 스타우트 : 스타우트는 '강하다'라는 뜻의 아일랜드 용어로 흑맥주를 일컫는 말이며, 아이리시 스타우트 머스터드는 흑맥주와 머스터드 씨를 발효하여 만든 것이다.

채소 · 과일류

스모크 파프리카향 알감자

🍴 와인 안주나 남녀노소 간식으로 부담 없이 먹기 좋은 음식, 애피타이저로 사용할 수 있다.

| 재료 | 알감자 200g, 파르메산 치즈 가루 1큰술, 다진 파슬리 1작은술, 엑스트라버진 올리브오일 3큰술, 스모크 파프리카 파우더 적당량, 소금·후춧가루 약간씩 |

만들기

1. 알감자는 깨끗이 씻고, 껍질을 벗기지 않은 상태에서 물기를 제거한 다음 엑스트라버진 올리브오일 2큰술을 뿌리고 소금, 후춧가루로 간을 한다.
2. **1**의 알감자를 160℃로 예열한 오븐에서 15분 동안 굽는다.
3. 구운 알감자를 꼬치로 찔러보고 부드럽게 익었으면 실온에서 식힌다.
4. 실온에서 식힌 알감자에 엑스트라버진 올리브오일 1큰술을 살짝 뿌리고, 파르메산 치즈 가루와 다진 파슬리를 골고루 묻힌다.
5. [플레이팅] 파르메산 치즈 가루와 다진 파슬리를 묻힌 알감자를 접시에 담고, 스모크 파프리카 파우더를 뿌린다.

memo
- 스모크 파프리카 파우더는 파프리카 열매를 훈연하여 말린 후 곱게 갈아 파우더로 만든 것이다.
- 알감자를 익힐 때는 한쪽 면만 타지 않도록 굴려가며 골고루 익힌다.

채소·과일류

오렌지 소스를 곁들인
채소피클

 여러 가지 채소로 만든 채소피클, 눈으로 즐기는 새콤달콤한 입의 향연

| 재료 | 양송이버섯 3개, 방울토마토 6개, 주키니 1/4개, 마늘 5쪽, 엑스트라버진 올리브오일 2큰술, 소금·후춧가루 약간씩, 오렌지 소스 200mL, 채소피클 육수 500mL, 처빌, 식용 꽃 |

| 오렌지 소스 | 오렌지주스 200mL, 레몬주스 30mL, 설탕 30g, 물에 풀어 놓은 전분 적당량 |

| 채소피클 육수 | 환만식초 50mL, 물 250mL, 피클링 스파이스 5g, 설탕 40g, 소금 5g, 통계피 약간 |

만들기

1. [채소피클 육수] 식초를 제외한 분량의 재료를 냄비에 모두 넣고 끓였다가 식힌 후 체에 걸러 내용물은 버린다.
2. 1에 식초를 붓고 하루 동안 숙성시켜 채소피클 육수를 만든다.
3. [오렌지 소스] 오렌지주스, 레몬주스, 설탕을 냄비에 넣어 끓이고, 물에 풀어 놓은 전분으로 농도를 조절하여 오렌지 소스를 만든다. 식힌 후 튜브에 담아 준비한다.
4. [채소피클] 방울토마토는 끓는 물에 데쳐 껍질을 벗기고 마늘은 꼭지를 떼어낸다.
5. 양송이버섯은 껍질을 벗기고 0.3cm 두께로 슬라이스 한다.
6. 주키니는 원통 모양으로 세우고 가로, 세로로 잘라 4등분 한 다음 씨가 있는 부분을 잘라내고, 채칼을 사용하여 0.3cm 두께의 직사각형 모양으로 자른다.
7. 6의 주키니에 엑스트라버진 올리브오일을 뿌리고, 소금과 후춧가루로 간을 하여 30분간 재운 후 냉장고에 보관한다.
8. 4의 방울토마토와 마늘, 5의 양송이버섯을 채소피클 육수에 6시간 동안 재운 후 키친타월에 올려놓고 물기를 제거한다.
9. 7의 주키니는 돌돌 말아 준비한다.
10. [플레이팅] 8의 방울토마토, 마늘, 양송이버섯, 9의 주키니를 왼쪽 사진과 같이 색이 대비되도록 접시에 예쁘게 플레이팅 한다.
11. 사이사이에 오렌지 소스를 짠 후 처빌과 식용 꽃으로 장식한다.

채소·과일류

무화과 콩포트와
콜리플라워 크림치즈 무스

🍴 콩포트(compote)는 과일이나 채소에 설탕을 넣고 졸여 만든 프랑스 요리. 잼과 유사하지만 주재료가 눈에 보이는 것이 특징이다.

| 재료 | 무화과 3개, 산딸기 6~7개, 키위 1개, 파인애플 1/6개, 검은 통후추 5알, 화이트와인 100mL, 콜리플라워 크림치즈 무스 4큰술, 딜 |

| 콜리플라워 크림치즈 무스 | 콜리플라워 1/2송이, 크림치즈·생크림·레몬즙 1큰술씩, 소금·설탕·검은 후춧가루 약간씩 |

만들기

1. **[무화과 콩포트]** 무화과는 껍질과 흰색 과육을 0.5cm 크기의 주사위 모양으로 자르고, 껍질과 흰색 과육을 뺀 나머지 부분은 잘게 다져 팬에 담는다.

2. *1*에 검은 통후추를 으깨어 넣고 화이트와인과 같이 약한 불에서 졸여 걸쭉한 상태의 무화과 콩포트를 만든다. 식힌 후 볼에 담아 준비한다.

3. **[콜리플라워 크림치즈 무스]** 콜리플라워는 크기에 따라 7~10등분 하여 끓는 물에 살짝 데치고, 분량의 모든 재료와 같이 믹서에 넣어 갈고 체에 걸러 무스로 만든다. 튜브에 담아 준비한다.

4. 키위, 파인애플은 껍질과 씨(키위), 심지(파인애플)를 제거하여 0.4cm 두께로 얇게 슬라이스한 다음 산딸기와 같이 건조기에서 38~40℃로 하루 동안 건조하여 수분을 제거하고 과일 칩을 만든다.

5. **[플레이팅]** 돌접시에 콜리플라워 크림치즈 무스와 무화과 콩포트를 담고 사이사이에 과일 칩을 놓은 후 딜로 장식한다.

memo
파인애플의 경우 펙틴이 많이 함유되어 있어 건조 후에도 바삭한 정도가 다른 과일에 비해 차이가 있다.

재소 · 과일류

치즈를 뿌린
구운 느타리버섯과 목이버섯

재료	느타리버섯 5줄기, 건목이버섯 1/4개, 하몽 1장, 그라나 파다노 치즈 10g, 완두콩 소스 50mL, 엑스트라버진 올리브오일 1큰술, 소금·후춧가루 약간씩, 타임
완두콩 소스	완두콩 100g, 우유 500mL, 소금·후춧가루 약간씩

만들기

1. [완두콩 소스] 완두콩은 하루 동안 물에 불렸다가 부드러워질 때까지 물에 삶아 건져내고, 우유를 부어 다시 끓인다.
2. 1의 완두콩과 우유를 믹서에 넣고 소금, 후춧가루로 간을 하여 부드럽게 갈고 체에 걸러 완두콩 소스를 만든다.
3. 완두콩 소스를 볼에 담아 식힌 후 튜브에 담아 준비한다.
4. 목이버섯은 20분 정도 물에 불린 후 짜서 물기를 제거하고 한입 크기로 뜯는다.
5. 느타리버섯과 4의 목이버섯에 엑스트라버진 올리브오일을 뿌리고 소금, 후춧가루로 간을 한다.
6. 간을 한 느타리버섯과 목이버섯을 석쇠에 앞뒤로 굽는다.
7. [플레이팅] 구운 버섯을 나무접시에 담고, 튜브에 담아 놓은 완두콩 소스를 짠 후 치즈 그레이터 스틱으로 그라나 파다노 치즈를 갈아 버섯 위에 뿌린다.
8. 하몽을 찢어 버섯 위에 올리고 타임으로 장식한다.

memo
- 흰 목이버섯은 은이버섯이라고도 불리며 한방에서도 매우 귀한 재료로 사용된다.
- 완두콩의 초록색은 시간이 지날수록 색이 탁해지므로 빠르게 식힌다.

채소 · 과일류

토마토 무스를 곁들인 방울토마토와 청포도

재료	모차렐라 치즈 30g, 청포도 5알, 방울토마토 3개, 바질 페스토 1큰술, 레몬즙 2큰술, 토마토 무스 5큰술, 크림치즈 무스 3큰술, 설탕 약간, 차이브, 파슬리 가루
토마토 무스	토마토 2개, 레몬즙 2큰술, 토마토 페이스트 1/2작은술, 화이트와인 1큰술, 식용유 1큰술, 바질 1줄기, 마늘 1쪽, 소금·설탕 약간씩
크림치즈 무스	크림치즈·생크림·화이트와인 1큰술씩, 우유·정제버터 1작은술씩, 마늘 1쪽, 소금·설탕 약간씩

만들기

1. 방울토마토와 토마토는 끓는 물에 잠깐 데쳐 껍질을 벗긴다. 토마토는 씨도 같이 제거한다.
2. [토마토 무스] 토마토 페이스트는 팬에 식용유를 두르고 신맛이 없어지도록 약한 불에서 볶는다.
3. 마늘은 잘게 다져 식용유를 두른 팬에서 볶다가 진한 갈색이 나면 화이트와인을 넣고 강한 불에서 플람베 한 다음 불을 끈다.
4. 1의 토마토, 2의 토마토 페이스트, 3의 마늘을 바질, 레몬즙, 설탕, 소금과 같이 믹서에 넣어 갈고 체에 거른 후 팬에 담아 약한 불에서 1/2로 졸여 토마토 무스를 만든다. 식힌 후 튜브에 담아 냉장 보관한다.
5. [크림치즈 무스] 크림치즈, 생크림, 우유, 정제버터, 마늘, 알코올을 제거한 화이트와인, 소금, 설탕을 믹서에 곱게 갈고 체에 걸러 크림치즈 무스를 만든다. 튜브에 담아 냉장 보관한다.
6. 방울토마토와 청포도는 크기에 따라 4~6등분 하고 레몬즙에 설탕을 넣어 잠시 담가둔다.
7. [플레이팅] 튜브에 담아 놓은 토마토 무스를 접시에 짠 후 바질 페스토를 뿌리고 모차렐라 치즈, 6의 방울토마토와 청포도, 크림치즈 무스를 왼쪽 사진과 같이 플레이팅 한다. 차이브와 파슬리 가루로 장식한다.

memo
플람베(flambe) : 와인 또는 브랜디를 조리 중인 음식에 넣고 불을 붙여 재료의 좋지 않은 향을 제거하는 조리법이다.

채소 화분
– 채소와 비트·올리브·바나나 파우더

재료	방울토마토 3개, 래디시 · 샬롯 2개씩, 토마토 1/4개, 그린 아스파라거스 · 화이트 아스파라거스 1줄기씩, 엑스트라버진 올리브오일 1큰술, 비트 · 올리브 · 바나나 파우더 적당량, 소금 · 후춧가루 약간씩
비트 · 올리브 · 바나나 파우더	비트 1/2개, 블랙 올리브 슬라이스 100g, 건바나나 50g

만들기

1. **[비트 · 올리브 · 바나나 파우더]** 비트는 감자칼을 사용하여 껍질을 제거해 얇게 슬라이스 하고, 블랙 올리브 슬라이스는 키친타월로 물기를 최대한 제거한 다음 비트와 같이 건조기에서 60℃로 24시간 동안 건조하여 수분을 완전히 제거한다.
2. 비트가 바삭하게 마르면 믹서에 넣고 갈아 고운체에 거르고, 갈리지 않은 것은 제거한다. 블랙 올리브 슬라이스는 거칠게 간다.
3. 건바나나도 마찬가지로 곱게 갈고, 갈리지 않은 것은 제거한다.
4. 비트 : 올리브 : 바나나를 1 : 1 : 3의 비율로 섞어 파우더를 만든다.
5. 샬롯, 아스파라거스는 끓는 물에 데쳐 얼음물에 식힌 후 키친타월로 물기를 제거하고, 아스파라거스는 줄기 윗부분만 잘라놓는다.
6. 방울토마토는 끓는 물에 데쳐 껍질을 벗기고 건조기에서 60℃로 6시간 동안 건조한다.
7. 토마토는 링 모양으로 얇게 잘라 건조기에서 70℃로 3시간 정도 건조하고, 래디시는 씻어서 줄기를 제거하고 뿌리만 사용한다.
8. 각종 채소에 엑스트라버진 올리브오일을 뿌리고, 소금과 후춧가루로 간을 한다.
9. **[플레이팅]** 투명한 그릇에 비트 · 올리브 · 바나나 파우더를 담아 흙과 같이 연출하고, **8**의 각종 채소를 꽂아 화분처럼 연출한다.

치즈류

치즈류

바질 소스를 곁들인
곡물 튀김 모차렐라

 부들부들한 치즈에 바삭한 식감을 더하고, 촉촉하고 진한 맛에 토마토를 곁들여 낸 새로운 카프레제 요리

재료	토마토 · 통모차렐라 치즈 1개씩, 기장 · 통메밀 · 차조 1작은술씩, 바질 소스 2큰술, 엑스트라버진 올리브오일 1큰술, 식용유 500mL, 소금 · 후춧가루 약간씩
바질 소스	잣 20g, 바질 잎 2장, 다진 마늘 1작은술, 생크림 50mL, 엑스트라버진 올리브오일 1큰술, 소금 · 후춧가루 약간씩

만들기

1. [곡물 튀김] 기장, 통메밀, 차조는 각각 물에 6시간 불린 후 키친타월로 물기를 제거한다.
2. 1의 곡물을 165℃의 식용유에 각각 튀긴 후 키친타월로 기름을 제거한다.
3. [바질 소스] 분량의 재료를 모두 믹서에 넣어 부드럽게 갈고 하루 동안 숙성하여 바질 소스를 만든다.
4. 토마토는 1cm 두께의 링 모양으로 슬라이스 한 다음 건조기에서 70℃로 6시간 정도 건조한다.
5. 통모차렐라 치즈에 엑스트라버진 올리브오일을 살짝 묻히고 소금, 후춧가루로 간을 한 다음 곡물 튀김을 반쪽만 묻힌다.
6. [플레이팅] 접시에 바질 소스를 담고 5의 통모차렐라 치즈를 담은 후 4의 토마토를 비스듬히 세워 요리를 완성한다.

memo

토마토의 수분을 완전히 제거하면 바삭한 식감을 느낄 수 있으며, 수분을 반 정도 제거하면 촉촉한 식감과 감칠맛을 느낄 수 있다. 선 드라이 토마토(sun dry tomato)와 같은 원리이다.

 치즈류

옥수수 퓌레와 보콘치니

재료　보콘치니 5~6개, 자몽·오렌지 1/4개씩, 옥수수 퓌레 100mL, 소금·후춧가루 약간씩, 바질 잎

옥수수 퓌레　스위트콘 100g, 우유 300mL

만들기

1. **[옥수수 퓌레]** 냄비에 스위트콘과 우유를 넣고 푹 끓여 익힌다.
2. 1을 믹서에 넣고 곱게 갈아 체에 거른 후 식혀서 옥수수 퓌레를 만든다.
3. 자몽과 오렌지 껍질은 각각 제스트를 만들고, 껍질을 벗긴 과육만 알알이 떼어 모아둔다.
4. 보콘치니는 소금, 후춧가루를 뿌려 준비한다.
5. **[플레이팅]** 볼에 옥수수 퓌레를 담고 4의 보콘치니를 놓은 후 자몽, 오렌지 제스트와 과육을 뿌리고 바질 잎으로 장식한다.

memo
제스트(zest) : 오렌지, 레몬, 자몽 등 시트러스 과일의 겉껍질을 슬라이스 하거나 그레이터로 긁어 사용하는 것으로 육류, 해물류, 샐러드류에 두루두루 사용하며 주류에도 많이 사용한다.

치즈 퐁뒤

휴대용 그릇에 치즈를 녹여 감자나 빵을 찍어 먹는 스위스 전통 요리, 치즈 퐁듀라고도 부른다.

| 재료 | 감자(50g) 2개, 에멘탈 치즈 200g, 그뤼에르 치즈 100g, 화이트와인 50mL, 다진 마늘 1작은술, 넛맥 파우더·흰 후춧가루 1/4작은술씩, 바게트 1/3개, 물에 풀어 놓은 전분 석냥량, 물 80mL |

 만들기

1. 바게트는 5cm 크기의 주사위 모양으로 잘라 실온에 두고, 수분이 50% 정도 없어지도록 거칠게 말린다.
2. 감자는 감자칼을 사용하여 껍질을 제거하여 3등분 하고, 으깨지지 않을 정도로 물에 삶은 후 찬물에 식힌다.
3. 식힌 감자는 한입 크기의 주사위 모양으로 자른다.
4. 에멘탈 치즈와 그뤼에르 치즈는 잘게 채 썰어 주물 그릇에 담는다.
5. 4에 화이트와인, 물, 다진 마늘, 넛맥 파우더, 후춧가루를 넣고, 중간 불에서 얇은 주걱으로 서서히 저어가며 치즈를 녹이고 보글보글 끓인다.
6. 물에 풀어 놓은 전분을 5에 넣어가며 농도를 맞춘다.
7. [플레이팅] 1의 바게트와 3의 감자를 바스켓에 담고, 치즈가 끓고 있는 주물 그릇을 알코올램프 위에 올린다.
8. 감자와 바게트를 치즈에 찍어 먹을 수 있도록 퐁뒤 전용 포크에 끼워 보글보글 끓는 치즈에 찍으면 요리가 완성된다.

memo
주물 그릇에 담은 치즈가 끓을 경우 주걱에 치즈를 묻혀 들어 올렸을 때 치즈가 늘어지면 알맞은 상태이다.

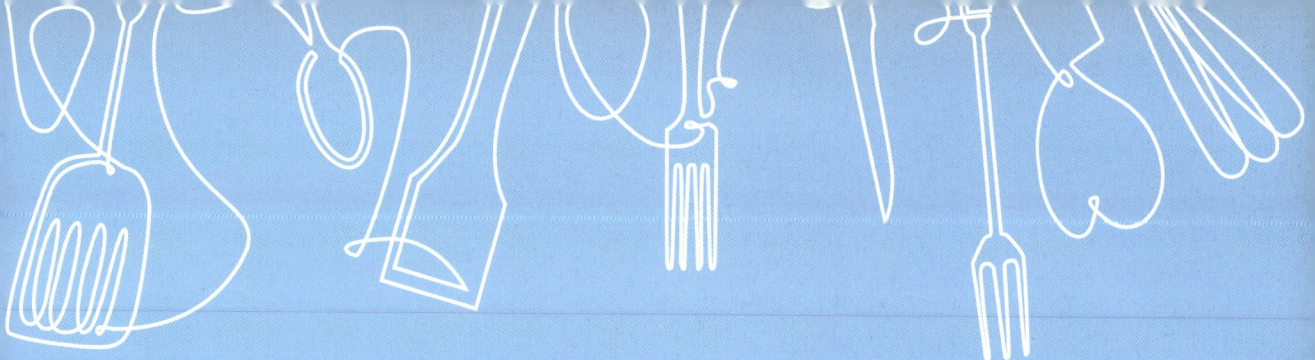

해산물류

해산물류

랍스터테일과
얼큰 비스큐 소스

🍴 랍스터를 조리할 때는 육수 온도가 일정하게 유지되도록 하는 것이 중요하다.

재료　랍스터테일 1개, 모시조개 100g, 양파 1/2개, 매운 고추(태국고추) 2개, 대파 슬라이스(흰 부분) · 바질 10g씩, 월계수 잎 1장, 마늘 2쪽, 다진 마늘 1작은술, 화이트와인 30mL, 물 100mL, 식용유 3큰술, 얼큰 비스큐 소스 45mL, 어린잎, 타임, 쏘렐

얼큰 비스큐 소스　토마토 1개, 매운 고추 1개, 마늘 2쪽, 토마토 페이스트 2큰술, 화이트와인 30mL, 생크림 70mL, 물 100mL

만들기

1. 냄비에 다진 마늘 1/2작은술, 매운 고추, 바질을 넣어 강한 불에서 갈색이 나도록 볶다가 모시조개를 넣고 볶은 후 화이트와인을 넣어 강한 불에서 플람베 한다.

2. 플람베가 끝나면 중간 불에서 **1**을 1~2분 졸이다가 물을 넣고 모시조개의 입이 열리도록 강한 불에서 끓인 후 육수와 조개를 분리한다.

3. 랍스터테일은 껍질을 벗겨 **2**의 육수에 넣고 다진 마늘 1/2작은술, 대파 슬라이스, 월계수 잎과 같이 아주 약한 불에서 15분 동안 천천히 익힌다.

4. 양파는 2cm 두께의 링 모양으로 자르고, 식용유 2큰술을 두른 프라이팬에 넣어 강한 불에서 갈색이 나도록 굽다가 약한 불에서 완전히 익힌다.

5. [얼큰 비스큐 소스] **3**의 랍스터테일 껍질은 160℃로 예열한 오븐에서 5분간 구운 다음 냄비에 넣고, 중간 불에서 껍질을 으깨가며 충분히 볶은 후 화이트와인을 넣고 강한 불에서 플람베 한다.

6. 다른 팬에 토마토 페이스트와 토마토를 넣어 볶다가 **5**에 넣고, 매운 고추와 물을 넣어 중간 불에서 다시 10분간 끓인다.

7. 생크림을 넣고 약한 불에서 20분간 끓여 고운체에 거른 후 믹서에 곱게 갈아 얼큰 비스큐 소스를 만든다.

8. 마늘을 0.3cm 두께로 얇게 슬라이스 하여 165℃의 식용유 1큰술에 연한 갈색으로 튀긴 후 키친타월에 올려놓고 건조하여 마늘 칩을 만든다.

9. [플레이팅] 접시에 얼큰 비스큐 소스를 담고 중앙에 **4**의 양파를 놓은 후 **3**의 랍스터테일, **8**의 마늘 칩을 순서대로 올린다. 어린잎, 타임, 쏘렐로 장식한다.

해산물류

모차렐라 소스를 곁들인
카다이프 새우볼

🍴 겉은 바삭, 속은 촉촉한 새우볼과 부드러운 모차렐라 소스가 좋은 앙상블을 이루는 핑거푸드

| 재료 | 카다이프 50g, 알새우 300g, 양파 1/4개, 셀러리 1줄기, 홀그레인 머스터드 1큰술, 다진 파슬리 · 전분 1큰술씩, 다진 마늘 2작은술, 새우볼 5개, 모차렐라 소스 50mL, 식용유 300mL, 소금 · 후춧가루 약간씩, 딜 |

| 모차렐라 소스 | 모차렐라 치즈 1개, 우유 100mL, 레몬주스 · 엑스트라버진 올리브오일 20mL씩, 소금 · 후춧가루 약간씩 |

만들기

1. **[모차렐라 소스]** 모차렐라 치즈를 듬성듬성 잘라 믹서에 넣고, 분량의 모든 재료와 같이 갈아서 모차렐라 소스를 만든다.

2. **[카다이프 새우볼]** 카다이프는 1cm 크기로 자르고, 양파와 셀러리는 각각 다진다.

3. 알새우, 다진 마늘, 다진 파슬리, 소금, 후춧가루를 믹서에 넣고 거칠게 간다.

4. 3을 믹싱볼에 덜어 넣고 다진 양파와 셀러리, 전분을 같이 넣되 전분이 뭉치지 않도록 골고루 섞은 다음 30g씩 떼어내어 공 모양으로 만든다.

5. 공 모양으로 만든 새우볼에 자른 카다이프를 골고루 묻힌 다음 165℃의 식용유에 튀긴다. 카다이프가 황금색이 나고 볼이 부풀어 오르면 건져낸다.

6. 튀긴 카다이프 새우볼 위에 홀그레인 머스터드를 올린다.

7. **[플레이팅]** 모차렐라 소스를 접시에 붓고, 홀그레인 머스터드를 올린 카다이프 새우볼을 예쁘게 놓은 후 딜로 장식한다.

memo
카다이프(kadayif) : 밀가루와 물로 만들어졌으며, 체를 사용하여 뜨거운 금속 조리용 쟁반에 부어 만든 것으로, 면발이 가느다랗고 실타래처럼 생긴 터키의 얇은 국수이다.

해산물류

파프리카 소스를 곁들인
참치 세비체

🍴 페루에서 살던 노부(Nobu)라는 일본인 셰프의 '노부 레스토랑'이 세계적으로 알려지고, 그 레스토랑 메뉴가 알려지면서 유명해진 요리

재료	참치 200g, 화이트와인 비네가 100mL, 통깨 2큰술, 거칠게 간 후춧가루 1큰술, 자몽 1/4개, 소금물 400mL, 파프리카 소스 2큰술, 소금·후춧가루·설탕 약간씩, 딜, 민트, 식용 꽃
파프리카 소스	빨간 파프리카 2개, 화이트와인 100mL, 소금·후춧가루 약간씩

만들기

1. [파프리카 소스] 파프리카는 물에 헹구고 꼭지와 씨를 제거한 다음 잘게 썬다.
2. 냄비에 화이트와인과 파프리카를 넣고 끓여 부드럽게 한 다음 믹서에 넣어 갈고 소금, 후춧가루로 간을 하여 파프리카 소스를 만든다. 식힌 후 짤주머니에 담아 준비한다.
3. [참치 세비체] 화이트와인 비네가에 소금, 후춧가루, 설탕을 넣어 새콤, 달콤, 짭짤하게 한다.
4. 참치를 미지근한 소금물에 5분 동안 담가 살짝 해동한 다음 물기를 제거한다.
5. 통깨와 거칠게 간 후춧가루를 섞어 준비한다.
6. 4의 참치를 3에 30분 재운 후 물기를 제거하고, 1cm 크기의 주사위 모양으로 자른다.
7. 자른 참치에 5를 골고루 묻힌다.
8. 자몽은 껍질을 벗기고 잘게 다진다.
9. [플레이팅] 접시에 원통형 틀을 놓고 틀 안에 7의 참치를 채운 후, 다진 자몽을 올리고 틀을 조심히 빼낸다.
10. 파프리카 소스를 사진과 같이 짠 후 딜, 민트, 식용 꽃으로 장식한다.

> **memo**
> 세비체(ceviche) : 해산물이나 생선을 얇게 저며 레몬이나 라임에 절여 먹는 페루의 전통 음식 중 하나이다.

해산물류

관자살을 채운
오징어 무스 롤

🍴 롤 위에 올리는 베이컨을 크리스피 하게(바삭하게) 만들기 위해서는 베이컨의 기름을 지속적으로 제거하면서 굽는다.

| 재료 | 관자살 3개, 잣 3~5알, 쿠르부용 200mL, 베이컨 3장, 딜 1줄기, 월계수 잎 1장, 레몬 1개, 오징어 무스 100g, 시트러스 소스 4큰술, 처빌 |

오징어 무스 오징어(몸통) 1마리, 달걀 1개, 생크림·화이트와인 2큰술씩, 설탕 1큰술, 소금·검은 후춧가루 약간씩

시트러스 소스 레몬·자몽·오렌지 1개씩, 생크림·설탕 2큰술씩, 휘핑크림 50mL, 다진 생강 1/2작은술

만들기

1. **[오징어 무스]** 오징어는 껍질을 벗겨 잘게 자르고 달걀흰자, 화이트와인, 생크림, 소금, 설탕, 후춧가루와 같이 믹서에 넣어 곱게 갈고 체에 걸러 오징어 무스를 만든다.
2. 관자살은 가로 5cm, 세로 0.3cm, 두께 0.3cm 크기로 자른다.
3. 랩을 펴서 오징어 무스를 넓게 바른 후 2의 관자살을 중앙에 놓고 김밥처럼 둥글게 만다.
4. 랩의 양쪽 끝을 잘 묶어 냄비에 담고 월계수 잎, 딜, 레몬, 쿠르부용을 넣어 강한 불에서 끓이다가 약한 불에서 15분간 끓인 다음 얼음물에 차갑게 식혀 냉장 보관한다.
5. 베이컨은 잘게 잘라 프라이팬에 넣고, 기름 없이 약한 불에서 천천히 구워 키친타월로 기름을 제거하면서 크리스피하게 만든다.
6. 실온에 잠시 보관한 다음 핸드믹서로 곱게 갈아 준비하고, 잣은 다진다.
7. **[시트러스 소스]** 레몬, 자몽, 오렌지 껍질은 곱게 다지고, 3가지 과육은 즙을 낸다.
8. 7을 생크림, 휘핑크림, 설탕, 다진 생강과 같이 믹서에 넣어 곱게 갈고 체에 걸러 시트러스 소스를 만든다. 튜브에 담아 냉장 보관한다.
9. **[플레이팅]** 냉장 보관한 4의 롤에서 랩을 제거하여 10~12cm 길이로 잘라 접시에 담고, 그 위에 6의 베이컨과 잣을 올린 후 시트러스 소스를 짠다. 처빌로 장식한다.

레몬버터 꼬막

🍴 레몬버터 꼬막은 오렌지의 상큼함과 바다를 머금은 꼬막의 환상적인 하모니

재료 꼬막 10알, 오렌지 1개, 화이트와인 20mL, 딜 2줄기, 레몬버터 2큰술, 엑스트라버진 올리브오일 1큰술, 스모크 파프리카 적당량, 민트

레몬버터 레몬 1개, 버터 2큰술, 소금·후춧가루 약간씩

만들기

1. [레몬버터] 레몬은 즙을 내고, 레몬 껍질은 1작은술 분량으로 제스트를 만든다.
2. 버터는 실온에 두어 녹이고 믹싱볼에 레몬즙, 소금, 후춧가루와 같이 넣고 잘 섞어 레몬버터를 만든다.
3. 꼬막은 물에 여러 번 헹궈 불순물을 제거하고, 물에 삶은 후 찬물에 헹군다.
4. 껍질을 떼어내고 흐르는 물에 헹궈 꼬막의 살에 있는 물기를 제거한다.
5. 오렌지는 껍질을 벗겨 1cm 두께의 링 모양으로 자르고, 토치로 겉을 살짝 구워 단맛을 낸다.
6. 프라이팬에 화이트와인과 4의 꼬막을 넣고 살짝 끓이다가 딜을 다져 넣고 레몬버터를 넣어 녹인 후 식힌다.
7. [플레이팅] 접시에 5의 오렌지를 놓고, 6의 꼬막에 엑스트라버진 올리브오일을 묻혀 올린 다음 스모크 파프리카를 뿌린다. 민트와 1의 레몬 제스트로 장식한다.

memo
꼬막은 홍합이나 다른 조개들에 비해 삶거나 쪄도 입을 벌리지 않는 것이 많다. 그럴 경우 꼬막 뒤쪽의 홈에 숟가락을 꽂아 지렛대의 원리를 이용하면 편리하다.

구운 관자를 올린
카스텔라와 드라이 산딸기

🍴 그레몰라타는 이탈리아 음식 중 오소 부꼬(osso-buco)라는 송아지 정강이찜 요리에 즐겨 곁들이는 소스, 다양한 요리에 활용되고 있다.

재료 관자살 2개, 산딸기 6개, 아스파라거스 2줄기, 다진 마늘 1/2작은술, 정종 30mL, 버터 1큰술, 엑스트라버진 올리브오일 2큰술, 퓨어 올리브오일 1큰술, 그레몰라타 3큰술, 카스텔라 적당량, 소금·흰 후춧가루 약간씩

카스텔라 달걀 2개, 설탕 1작은술, 퓨어 올리브오일 1큰술

그레몰라타 레몬·자몽·오렌지 1/2개씩, 설탕 1작은술(또는 사용 안 함), 파슬리 1줄기, 엑스트라버진 올리브오일 1큰술, 소금·흰 후춧가루 약간씩

만들기

1. 다진 마늘, 정종, 흰 후춧가루, 소금, 설탕, 엑스트라버진 올리브오일 1큰술을 믹싱볼에 넣어 섞은 후 관자살을 넣고 5분간 실온에 보관한다.
2. [카스텔라 반죽] 달걀은 노른자와 흰자로 나누어 준비한다.
3. 믹싱볼에 노른자와 설탕을 넣어 미색이 되도록 휘핑하고 설탕이 모두 녹으면 체에 거른다.
4. 다른 믹싱볼에 흰자를 넣고 휘핑하여 거품을 올린 후 3에 천천히 2~3번 나누어 섞어 카스텔라 반죽을 만든다.
5. [그레몰라타] 레몬, 자몽, 오렌지 껍질은 곱게 다지고, 과육은 즙을 만든다.
6. 파슬리는 줄기를 제거하고 잎만 곱게 다진 후 키친타월에 감싸 물에 헹군 다음 보슬보슬하게 말린다.
7. 볼에 다진 재료와 설탕, 소금, 후춧가루, 과육 즙을 넣고 섞은 후 설탕과 소금이 모두 녹으면 엑스트라버진 올리브오일을 넣어 그레몰라타를 만든다.
8. [카스텔라] 퓨어 올리브오일 1큰술로 코팅한 팬에 카스텔라 반죽 30g을 담고, 아

주 약한 불에서 20분 정도 앞뒤로 서서히 익혀 카스텔라를 만든다.

9. 팬에 퓨어 올리브오일 1큰술을 두르고, 1의 관자살이 갈색이 되도록 강한 불에서 앞뒤로 굽다가 약한 불로 줄인 후 버터를 넣고 미디움으로 익힌다.
10. 관자를 구운 팬에 껍질을 제거한 아스파라거스를 강한 불에서 잠깐 굽는다.
11. [플레이팅] 카스텔라를 가로 4cm, 세로 8cm 크기로 잘라 접시에 담고, 그 위에 9의 관자를 올린다.
12. 관자 위에 37℃에서 완전히 건조한 산딸기와 10의 아스파라거스를 번갈아 가며 놓고, 7의 그레몰라타를 곁들인다.

성게알 크림치즈 타르트

진하고 럭셔리한 성게알의 크리미한 느낌과 치즈가 입안에서의 완벽한 조화를 이룬다.

재료 성게알 · 크림치즈 100g씩, 생크림 50mL, 타르트(시판용) 4개, 레몬 1개, 핑크 페퍼 1작은술, 소금 · 후춧가루 약간씩, 딜

만들기

1. 크림치즈, 생크림, 소금, 후춧가루를 냄비에 넣고 중탕하여 부드럽게 한다. 식힌 후 튜브에 담아 준비한다.
2. 레몬은 겉껍질의 노란 부분만 얇게 벗기고 얇게 채 썰어 제스트를 만든다.
3. 튜브에 담아 놓은 *1*의 크림치즈를 타르트 안에 채운다.
4. [플레이팅] *3*의 타르트 위에 성게알을 놓고, 핑크 페퍼 한 알을 올린다. 딜과 *1*의 레몬 제스트로 장식한다.

memo
- 성게알은 서해를 제외한 강원도, 남해 지방의 바다에 서식하며 봄에서 여름까지가 제철이다.
- 성게알을 고를 때는 알이 풀어지지 않고 윤기가 나는 것을 고르며, 겨울에는 수입산, 특히 캘리포니아산을 많이 사용한다.

해산물류

관자 버블을 곁들인 구운 양배추 롤

 다양한 계절 채소나 뿌리채소를 이용하여 각 재료가 지닌 기본 맛과 향을 충분히 살리는 것이 이 요리의 포인트

재료	방울토마토 2개, 래디시 1개, **양배추 잎** 1장, **라디치오 잎** 3장, **바질 잎** 2~3장, **오이 소스** 4큰술, **엑스트라버진 올리브오일** 1큰술, **소금·후춧가루** 약간씩, **관자 버블**
오이 소스	오이 1/2개, **식초** 1~2큰술, **엑스트라버진 올리브오일** 2큰술, **소금·설탕** 약간씩
관자 버블	관자살 1개, **레몬즙** 1큰술, **화이트와인** 3큰술, **퓨어 올리브오일** 1큰술, **다진 마늘** 1/3작은술, **꿀** 1/4작은술, **레시틴** 1/5작은술, **물** 50mL

만들기

1. [오이 소스] 오이는 감자칼을 사용하여 가시와 씨를 제거하고 0.5cm 두께로 슬라이스 한 다음 믹서에 넣어 갈고 고운체에 거른다.
2. 냄비에 1과 분량의 재료를 모두 넣고 약한 불에서 천천히 끓인다.
3. 숟가락으로 거품과 이물질을 제거하며 끓인 후 거즈에 거른다. 식힌 후 튜브에 담아 냉장 보관한다.
4. [양배추 롤] 방울토마토와 양배추, 라디치오는 각각 끓는 물에 살짝 데쳐 얼음물에 담갔다가 키친타월로 물기를 제거하고, 방울토마토는 껍질을 벗겨 슬라이스 한다.
5. 바질은 곱게 다져 소금, 후춧가루, 엑스트라버진 올리브오일로 간을 한다.
6. 데친 양배추와 라디치오는 5로 양념한 다음 양배추, 라디치오, 양배추, 라디치오의 순서로 4장을 겹친 후 김밥처럼 말아 양배추 롤을 만들고 사선으로 자른다.
7. 래디시는 아주 얇게 슬라이스 하여 찬물에 담가둔다.

8. [관자 버블] 팬에 퓨어 올리브오일을 두르고 관자살을 약한 불에서 구운 다음 다진 마늘, 물, 화이트와인을 넣고 강한 불에서 끓여 육수를 만든 후 레몬즙, 꿀, 레시틴을 넣고 젓는다.
9. 8을 실온에 20분간 두었다가 구운 관자살은 제거하고 핸드믹서로 충분히 갈아 관자 버블을 만든다.
10. [플레이팅] 접시에 6의 양배추 롤을 담고 4의 방울토마토, 7의 래디시와 오이 소스를 왼쪽 사진과 같이 플레이팅 한다. 마지막에 관자 버블을 올린다.

그린 애플 주와 씨푸드

재료	새우 2마리, 갑오징어(몸통) 1/6마리, 문어 다리 1/2쪽, 당근 1/4개, 엑스트라버진 올리브오일 2큰술, 검은 통후추 5알, 월계수 잎 2장, 화이트 아스파라거스 2줄기, 그린 애플 주 50mL, 민트
그린 애플 주	풋사과(청사과) 2개, 라임즙 4큰술, 꿀 또는 설탕 1큰술, 애플민트 잎 5~7장, 처빌 1줄기, 화이트와인 1큰술, 물 30mL

만들기

1. 갑오징어, 새우, 문어는 엑스트라버진 올리브오일 1큰술, 월계수 잎 1장, 통후추를 넣어 진공 포장한다.
2. 1을 끓는 물에 5~8초 동안만 넣어 해산물 육수가 나올 수 있도록 한 다음 30℃ 이하의 물에서 시작하여 52℃를 유지한 상태로 15분간 수비드 하여 찬물에 담가둔다.
3. 화이트 아스파라거스와 당근은 각각 감자칼을 사용하여 껍질을 벗기고, 월계수 잎 1장과 엑스트라버진 올리브오일 1큰술을 넣어 진공 포장한 다음 30℃ 이하의 물에서 시작하여 52℃를 유지한 상태로 15분간 수비드 하여 찬물에 담가둔다.
4. [그린 애플 주] 사과는 껍질과 씨를 제거하여 애플민트, 처빌, 화이트와인, 물과 같이 믹서에 넣어 곱게 갈고 체에 걸러 사과주스를 만든다.
5. 체에 거른 사과주스를 냄비에 담고 중간 불에서 한 번 끓인다.
6. 사과주스가 끓어오르면 불을 끄고 꿀과 라임즙을 섞어 그린 애플 주를 만들고 냉장고에 보관한다.
7. [플레이팅] 냉동고에 넣어 차갑게 준비한 접시에 그린 애플 주를 담고, 2와 3의 진공 포장을 뜯어 아스파라거스, 당근, 해산물, 민트의 순서로 왼쪽 사진과 같이 플레이팅 한다.

 해산물류

주꾸미와 수비드 한
아스파라거스와 당근

재료 주꾸미 1마리, 아스파라거스 2줄기, 래디시 1개, 딜 1줄기, 당근 1/4개, 정제버터 50g, 다진 마늘 1/2큰술, 검은 통후추 5알, 월계수 잎 1장, 구연산 1작은술, 쿠르부용 200mL, 소금·설탕 약간씩, 어린잎

만들기

1. 주꾸미는 쿠르부용, 다진 마늘, 으깬 후추를 냄비에 넣고 끓인 육수에 살짝 데쳐 건져내고, 다시 50℃의 정제버터에 넣어 20분간 실온에 보관한다.
2. 아스파라거스와 당근은 감자칼을 사용하여 껍질을 제거한 다음 아스파라거스는 머리 부분만 자르고, 당근은 가로 1cm, 세로 4cm, 두께 1cm 크기로 자른다.
3. 2의 아스파라거스와 당근은 소금, 설탕, 구연산, 월계수 잎과 같이 진공 포장한 다음 30℃ 이하의 물에서 시작하여 52℃를 유지한 상태로 15분간 수비드 하여 냉장 보관한다.
4. 3의 당근은 스틱에 꽂아 건조기에서 36~39℃로 3시간 정도 건조하여 당근 칩을 만든다.
5. 1의 주꾸미, 3의 아스파라거스, 4의 당근칩, 딜, 아주 얇게 슬라이스 한 래디시를 스틱에 꽂아 준비한다.
6. [플레이팅] 스틱에 꽂아 준비한 주꾸미, 아스파라거스, 딜과 래디시, 당근 칩을 나무접시 홈에 고정하고 어린잎을 곁들여 장식한다.

memo
쿠르부용(court bouillon) : 양파, 당근, 셀러리를 넣고 끓인 물에 허브(월계수 잎, 타임, 파슬리 줄기 등)와 레몬, 식초, 화이트와인을 더하여 신맛과 향을 높여 해산물을 데치는 데 사용하는 육수이다.

해산물류

오이로 감싼
연어 타르타르

| 재료 | 오이 1개, 연어 필렛 200g, 적채 20g, 양파 1/2개, 블루베리 5알, 엔초비 소스 3큰술, 채소피클 육수 100mL, 소금·후춧가루 약간씩, 쏘렐 |

| 엔초비 소스 | 엔초비 3마리, 양파 1/2개, 딜 1줄기, 마요네즈·레몬즙 1큰술씩, 다진 마늘·설탕 1/2작은술씩, 소금 약간 |

만들기

1. 오이는 길게 4등분 하고 씨를 제거하여 채소피클 육수(73쪽 참고)에 24시간 재운다.
2. [엔초비 소스] 엔초비, 딜, 양파는 다져서 볼에 담고 마요네즈, 레몬즙, 다진 마늘, 소금, 설탕을 섞어 엔초비 소스를 만든다.
3. 양파와 적채는 잘게 다지고, 연어는 1cm 크기의 주사위 모양으로 자른다.
4. 3의 연어, 양파, 적채와 소금, 후춧가루가 버무려지도록 엔초비 소스를 적당히 덜어 섞는다.
5. [플레이팅] 원통형 틀을 사용하여 틀 안에 4를 넣고, 틀을 빼면서 자연스럽게 1의 오이로 감싼 후 블루베리를 올린다. 쏘렐로 장식한다.

memo
- 필렛(fillet) : 육류나 가금류, 생선 등의 뼈를 제거한 상태로 순 살코기만 남아 있는 상태이다.
- 연어는 지방이 많아 기름지므로 크림 소스나 과일과 배합하여 소스를 만들면 남녀노소 모두 즐길 수 있어 좋다.

해산물류 113

해산물류

시트러스 그레몰라타를 곁들인 농어 롤

🍴 그레몰라타는 이탈리아 음식 중 오소 부꼬(osso-buco)라는 송아지 정강이찜 요리에 즐겨 곁들이는 소스, 다양한 요리에 활용되고 있다.

재료 농어 필렛 200g, 레몬 1개, 주키니 1/4개, 홍피망·청피망 1/6개씩, 딜 3줄기, 월계수 잎 1장, 생크림 40mL, 화이트와인 15mL, 물 100mL, 시트러스 그레몰라타 2큰술, 엑스트라버진 올리브오일 1큰술, 소금·설탕·흰 후춧가루 약간씩

시트러스 그레몰라타 레몬·자몽·오렌지 1쪽씩, 다진 마늘 1/2작은술, 다진 파슬리 4큰술, 설탕 1작은술, 엑스트라버진 올리브오일 1큰술, 소금·흰 후춧가루 약간씩

만들기

1. **[농어 롤]** 딜 1줄기를 다지고 화이트와인, 소금, 후춧가루와 섞어 농어에 양념한 다음 접시에 담고 랩을 덮어 실온에 보관한다.

2. 홍피망과 청피망은 중간 불에서 직화로 구운 후 흐르는 물에 손으로 비벼 껍질과 씨를 제거하고 줄리엔으로 썬다.

3. **1**의 농어에 **2**를 넣고 풀리지 않도록 랩을 이용하여 김밥처럼 말아 준비한다.

4. 냄비에 물을 담고 **3**과 월계수 잎, 딜 1줄기, 레몬을 넣어 약한 불에서 7분간 끓인 후 농어를 실온에 5분 정도 두었다가 랩을 벗겨 2~3등분 한다.

5. **[시트러스 그레몰라타]** 레몬, 자몽, 오렌지는 껍질을 벗겨 제스트를 만들고 과육은 즙을 낸다.

6. 다진 파슬리는 키친타월로 감싼 후 물에 헹궈 강한 향과 맛을 중화시킨다.

7. **5**, **6**에서 다진 재료와 다진 마늘, 설탕, 소금, 후춧가루를 큰 볼에 담고 **5**의 즙을 넣어 섞다가 소금과 설탕이 모두 녹으면 엑스트라버진 올리브오일을 넣어 시트러스 그레몰라타를 만든다.

8. 주키니는 양쪽 끝부분을 잘라내고 10cm 길이, 0.3cm 두께로 얇게 슬라이스 하여 끓는 물에 데친 후 소금, 엑스트라버진 올리브오일을 넣고 간을 한다.

9. **[플레이팅]** **8**의 주키니를 3~4장 겹쳐 접시에 담고, 그 위에 **4**의 농어 롤을 올린 후 한쪽으로 시트러스 그레몰라타를 놓는다. 딜로 장식한다.

memo
줄리엔(julienne) : 채소 또는 과일을 얇고 길게 썬 것을 뜻한다.

오징어 다리 콥샐러드

🍴 잘게 다진 샐러드를 뜻하는 콥샐러드, 오징어의 쫄깃함과 채소들의 어울림이 씹는 즐거움을 준다.

재료 콜리플라워 1/2송이, 청피망·홍피망 1/2개씩, 래디시 1개, 아몬드 50g, 그린빈 100g, 오징어 다리 100g, 통메밀 1/2큰술, 엑스트라버진 올리브오일 1큰술, 퓨어 올리브오일 2큰술, 소금·후춧가루 약간씩, 딜

만들기

1. 콜리플라워는 잘게 다지고, 그린빈은 1cm 길이로 잘라 같이 데친 후 찬물에 식혀 물기를 제거한다.
2. 아몬드는 볶아서 고소한 맛을 내고, 래디시는 링 모양으로 얇게 썰어 물에 담가둔다.
3. 오징어 다리는 빨판을 떼고 1cm 길이로 썰어 퓨어 올리브오일 1큰술에 살짝 볶은 후 식힌다.
4. 청피망과 홍피망은 0.5cm 크기로 썬다.
5. 통메밀은 반나절 물에 불렸다가 물기를 제거한 다음 160℃의 퓨어 올리브오일 1큰술에 바삭하게 튀기고, 키친타월로 기름을 제거한다.
6. 1의 콜리플라워와 그린빈, 4의 청피망과 홍피망, 5의 통메밀을 믹싱볼에 담아 엑스트라버진 올리브오일과 섞은 후 소금, 후춧가루로 간을 한다.
7. [플레이팅] 예쁜 컵에 6을 담고 3의 오징어 다리를 넣은 후 2의 아몬드와 래디시를 담는다. 딜로 장식한다.

> **memo**
> 콥샐러드(cobb salad)는 채소를 잘게 다진 샐러드로, 콥(Cobb)이라는 셰프가 주방에서 남은 야채로 만들었다고 하여 유명해진 샐러드이다.

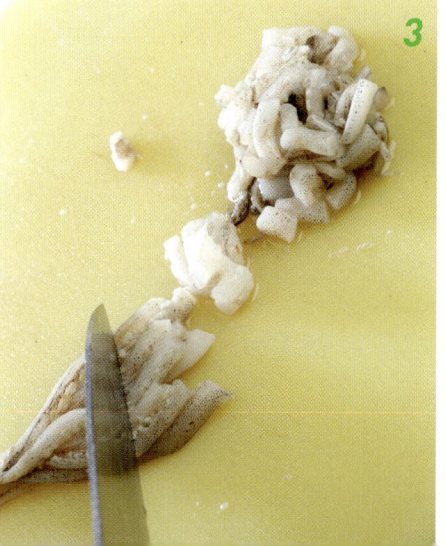

 해산물류

수비드 한 새우와 화이트 아스파라거스

 수비드 하는 시간은 재료의 양과 크기에 따라 다르며, 해산물을 수비드 할 때는 52~54℃를 유지하는 것이 가장 좋다.

재료 새우 3마리, 화이트 아스파라거스 3줄기, 래디시 1개, 쿠르부용 200mL, 퓨어 올리브오일 1큰술, 바질 마요 4큰술, 단호박 치즈 무스 150g, 딜, 쏘렐

바질 마요 바질 10g, 그라나 파다노 치즈 5g, 잣 5~8알, 마늘 1쪽, 엑스트라버진 올리브오일 2큰술, 마요네즈 2큰술

단호박 치즈 무스 단호박 30g, 달걀노른자 1개, 크림치즈·화이트와인 4큰술씩, 생크림 2큰술, 밀가루·꿀 1작은술씩, 넛맥 파우더 1/4작은술, 마늘 1쪽, 소금 약간

만들기

1. 새우는 꼬리 쪽 한 마디 껍질을 남겨두고 나머지 껍질과 내장을 제거한 다음 등과 배 부분에 3~4번 칼집을 넣는다.

2. 1의 새우를 쿠르부용과 같이 진공 포장한 다음 30℃ 이하의 물에서 시작하여 53℃를 유지한 상태로 30분간 수비드 하여 얼음물에 식힌 후 냉장고에 보관한다.

3. 아스파라거스는 감자칼을 사용하여 껍질을 제거해 반으로 자르고, 프라이팬에 퓨어 올리브오일을 두른 후 강한 불에서 볶는다.

4. 래디시는 아주 얇게 슬라이스 하여 찬물에 담가둔다.

5. [바질 마요] 분량의 재료를 믹서에 모두 넣어 곱게 갈고, 마요네즈를 넣어 완전히 섞은 후 체에 걸러 바질 마요를 만든다. 튜브에 담아 준비한다.

6. [단호박 치즈 무스] 단호박은 껍질과 씨를 제거하여 끓는 물에 익히고, 마늘은 곱게 다진 후 거즈에 걸러 즙으로 만든다.

7. 생크림은 믹싱볼에 담아 휘핑하여 90% 거품을 올리고, 화이트와인은 강한 불에 끓여 알코올을 제거하고 1/3로 졸인다.

8. 믹싱볼에 6의 단호박, 노른자, 밀가루를 담아 핸드믹서로 곱게 갈고, 나머지 재료를 섞은 다음 팬에 담아 약한 불에서 끓인 후 체에 걸러 단호박 치즈 무스를 만든다. 식힌 후 튜브에 담아 준비한다.

9. 2의 새우의 진공 포장을 뜯어 키친타월로 가볍게 수분을 제거한다.

10. 접시에 3의 아스파라거스를 담고, 9의 새우에서 칼집을 넣은 자리에 4의 래디시를 1/2로 잘라 끼운 후 아스파라거스 위에 올린다.

11. 바질 마요와 단호박 치즈 무스를 왼쪽 사진과 같이 플레이팅 하고 딜과 쏘렐로 장식한다.

> **memo**
> **새우 내장 손질법**
> 새우의 머리 쪽 부분에서 시작하여 등 쪽 2번째 마디를 이쑤시개(끝이 뾰족한 도구)로 찔러 등 쪽으로 천천히 들어 올리면 내장이 같이 올라와 쉽게 손질할 수 있다.

해산물류

오이를 이용한 연어 롤과 홀스래디시 소스

🍴 오이를 얇게 슬라이스 하여 랩(wrap)과 같은 의미로 사용한 요리

재료	연어 필렛 100g, 오이 1/2개, 딜 2줄기, 검은 통후추 4~6알, 홀그레인 머스터드 1/2작은술, 홀스래디시 소스 3큰술
홀스래디시 소스	홀스래디시 원액 2큰술, 레몬 1/4개, 양파 1/8개, 휘핑크림 30mL

만들기

1. 연어는 가로 2cm, 세로 8~10cm 크기로 길게 잘라 홀그레인 머스터드를 골고루 바르고, 랩을 이용하여 원기둥 모양으로 둥글게 말아 냉장고에 보관한다.
2. 오이는 양쪽 끝부분과 가시를 제거하고 필러 또는 칼을 사용하여 0.3cm 두께로 슬라이스 한 다음 진공 포장하여 실온에 보관한다.
3. 딜 1줄기와 후추는 각각 잘게 다진다.
4. [홀스래디시 소스] 홀스래디시 원액에 레몬과 양파의 즙을 만들어 섞는다.
5. 볼에 휘핑크림과 홀스래디시 즙을 넣고 기품이 올라오도록 핸드믹서로 충분히 휘핑한다.
6. 뻑뻑해지면 레몬즙과 양파즙을 넣어 홀스래디시 소스를 완성한다. 튜브에 담아 준비한다.
7. 1에서 연어를 감싼 랩을 제거하고 2에서 진공 포장한 오이를 이용하여 랩 한다.
8. [플레이팅] 오이로 랩 한 연어를 2cm 크기로 잘라 접시에 담고 3의 다진 딜과 후춧가루를 뿌린다.
9. 홀스래디시 소스를 왼쪽 사진과 같이 짠 후 딜로 장식한다.

> **memo**
> - 재료를 수비드 하지 않고 진공 포장하는 이유는 진공 과정에서 압력으로 인해 재료가 얇아지고 수분이 밖으로 빠져나와 질겨지므로 재료를 랩 할 경우 모양을 유지시켜 조리하는 데 도움을 준다.
> - 랩(wrap) : 사전적인 뜻은 '싸다', '포장하다'의 뜻으로 정의되며, 폴리에틸렌 재질의 포장지를 사용하여 재료를 감싼 후 보관하기 위한 것이다.

해산물류

토마토 잼을 곁들인
농어 룰라드와 밀크 젤리

 룰라드(roulade)는 주재료를 넓게 펴고 속을 채운 후 둥글게 말아서 찜, 수비드, 구이 등의 조리법으로 만든 요리이다.

재료 농어 필렛 200g, 레시틴 1작은술, 레몬즙 2큰술, 우유 400mL, 화이트와인 20mL, 엑스트라버진 올리브오일 1큰술, 다진 딜 1작은술, 다진 차이브 2작은술, 판 젤라틴 1장, 핑크 페퍼 5~7알, 토마토 잼 3큰술, 처빌

토마토 잼 토마토 1/2개, 설탕 1큰술, 물 60mL

만들기

1. [밀크 폼] 우유 200mL에 레시틴을 넣고, 레시틴이 풀리도록 섞어 실온에 15분 정도 보관한다.
2. 1을 핸드믹서로 거품을 내고 레몬즙을 1~3방울 첨가하여 밀크 폼을 만든 후 냉장 보관한다.
3. 농어는 접시에 담고 화이트와인, 레몬즙, 엑스트라버진 올리브오일, 다진 딜로 양념하여 랩으로 덮은 후 실온에 보관한다.
4. 3의 농어에 다진 차이브와 핑크 페퍼를 으깨어 넓게 뿌린 후 랩을 이용하여 모양을 고정시킨다.
5. 김이 오른 찜기에서 4를 6분간 익힌 다음 실온에서 5분간 식혀 랩을 제거하고 양쪽 끝을 잘라 준비한다.
6. [밀크 젤리] 판 젤라틴을 미온수에 넣어 불린 후 넓은 사각 팬에 우유 200mL와 같이 섞고, 43℃로 예열한 오븐에서 1시간 정도 수분을 증발시킨 다음 그대로 냉장고에 넣는다.
7. 우유가 차가워지고 말랑말랑 굳으면 가로 8cm, 세로 12cm 크기로 잘라 냉장 보관한다.
8. [토마토 잼] 토마토는 중간 불에서 직화로 구운 후 찬물에 헹궈 껍질을 벗기고 슬라이스 1쪽을 만들어 준비한다.
9. 남은 토마토는 씨까지 모두 제거하여 냄비에 넣고 설탕, 물을 섞어 약한 불에서 10분간 끓인 후 믹서에 넣어 갈고, 체와 거즈에 걸러 토마토 잼을 만든다. 식힌 후 튜브에 담아 준비한다.
10. [플레이팅] 접시에 토마토 슬라이스 1쪽을 먼저 담고, 그 위로 5의 농어 롤, 7의 밀크 젤리, 2의 밀크 폼을 순서대로 올린다. 토마토 잼을 짠 후 처빌로 장식한다.

memo
밀크 폼은 거품을 만들기 전에 우유에 레시틴을 섞어 실온에 10분 이상 두는 것이 좋다.

해산물류

허브로 숙성한 광어와 라즈베리 소스

 광어의 화려한 변신, 달콤한 라즈베리와 허브 소스가 다채로운 향연을 느낄 수 있게 한다.

재료	광어 필렛 150g, 레몬 1/4개, 파인애플 세이지 1/2줄기, 엑스트라버진 올리브오일 1큰술, 세이지 페스토 3큰술, 라즈베리 소스 2큰술, 차이브, 식용 꽃
라즈베리 소스	라즈베리 4~5개, 생크림 2큰술, 설탕 · 물 1큰술씩, 소금 약간
세이지 페스토	파인애플 세이지 1/2줄기, 생크림 2큰술, 구연산 1/3작은술, 레몬 1/4개, 소금

만들기

1. 광어는 가로 2cm, 세로 5~6cm 크기로 얇고 길게 슬라이스 한다.
2. 레몬 껍질은 제스트를 만들어 곱게 다지고 과육은 즙을 만든다.
3. 파인애플 세이지는 곱게 다진다.
4. 1의 광어에 레몬즙과 레몬 제스트, 다진 파인애플 세이지, 엑스트라버진 올리브오일을 골고루 발라 원형으로 둥글게 말고, 랩으로 덮어 냉장고에서 20분간 숙성한다.
5. [라즈베리 소스] 생크림은 팬에 담아 약한 불에서 1/2로 졸인 후 라즈베리, 물, 소금, 설탕과 같이 믹서에 넣어 갈고 체와 거즈에 걸러 라즈베리 소스를 만든다. 튜브에 담아 냉장 보관한다.
6. [세이지 페스토] 생크림을 팬에 담아 약한 불에서 1/2로 졸인 후 구연산을 넣어 맑고 걸쭉한 상태로 만들고, 파인애플 세이지를 곱게 다져 레몬, 소금과 같이 믹서에 넣어 갈고 체에 걸러 세이지 페스토를 만든다.
7. [플레이팅] 오목한 접시에 세이지 페스토를 담고 4의 광어를 놓은 후, 그 옆에 라즈베리 소스를 짠다. 차이브와 식용 꽃으로 모양과 색을 살려 장식한다.

해산물류

수비드 한 농어와 과일 처트니

🍴 처트니(chutney)는 과일이나 채소를 식초, 물, 설탕, 레몬, 허브(머스타드씨드, 후추, 처빌 등)를 사용하여 약한 불에서 천천히 졸여 만든 소스이다.

재료	농어 필렛 50g, 월계수 잎 1장, 검은 통후추 4알, 블랙 올리브 10개, 과일 처트니 2큰술, 블랙 올리브 파우더 1작은술, 화이트와인 30mL, 오렌지 소스 4큰술, 버터·엑스트라버진 올리브오일 1큰술씩, 물 50mL, 소금 약간, 처빌
과일 처트니	딸기 4개, 그린 키위 2개, 파인애플 1/6개, 레몬 1/4개, 처빌 1줄기, 머스터드씨드 1/2작은술, 식초 1큰술, 물 50mL, 설탕 약간
오렌지 소스	오렌지 3개, 청양고추 1개, 설탕·다진 생강 1작은술씩, 검은 통후추 5알, 생크림 100mL

만들기

1. **[수비드 한 농어]** 농어는 가로 6cm, 세로 10cm 크기로 잘라 화이트와인, 통후추, 버터, 소금, 월계수 잎과 같이 진공 포장한다.
2. 1을 30℃ 이하의 물에서 시작하여 54℃를 유지한 상태로 2시간 동안 수비드 하여 실온에 보관한다.
3. **[과일 처트니]** 과일은 껍질과 심을 제거하여 0.5cm 크기로 자르고, 건조기에서 50℃로 2시간 동안 수분을 제거한다.
4. 3을 냄비에 담아 분량의 재료를 모두 넣고 약한 불에서 졸여 과일 처트니를 만든 다음 볼에 담아 차갑게 식힌다.
5. **[오렌지 소스]** 오렌지 껍질은 제스트하고 과육은 즙을 만든다.
6. 오렌지즙, 생크림, 설탕을 냄비에 넣고 중간 불에서 10분간 졸인다.
7. 다른 냄비에 오렌지 제스트, 다진 생강, 청양고추를 넣어 중간 불에서 살짝 볶다가 6에 넣고 약한 불에서 1/2로 졸인다.
8. 7에 거칠게 갈아 볶은 통후추를 넣고 약한 불에서 다시 10분 정도 끓인 후 체에 거른다. 식힌 후 튜브에 담아 준비한다.
9. **[블랙 올리브 소스]** 블랙 올리브와 엑스트라버진 올리브오일을 믹서에 넣고 갈아 냄비에 담고, 물을 넣어 약한 불에서 10분 정도 끓인 후 체에 거른다. 식힌 후 튜브에 담아 준비한다.
10. 2의 농어는 진공 포장을 뜯어 키친타월로 수분과 오일을 제거한다.
11. **[플레이팅]** 접시에 10의 농어를 담고, 그 위쪽으로 과일 치트니, 오렌지 소스, 블랙 올리브 소스를 짠 후 블랙 올리브 파우더를 뿌린다. 처빌로 장식한다.

해산물류

홍피망 소스를 곁들인 수비드 한 가자미

재료	가자미 필렛 100g, 엔다이브 1포기, 방울토마토·올리브(그린, 블랙) 2개씩, 레몬 1/2개, 처빌 2줄기, 버터 1작은술, 설탕 1/2작은술, 생선 육수 150mL, 홍피망 소스 4큰술, 퓨어 올리브오일 2큰술, 엑스트라버진 올리브오일 1큰술, 검은 통후추·소금 약간씩
홍피망 소스	홍피망 1개, 레몬즙·버터 2큰술씩, 처빌 1줄기, 딜 1/4줄기, 생크림 100mL

만들기

1. **[수비드 한 가자미]** 가자미는 가로 5cm, 세로 8cm 크기로 잘라 퓨어 올리브오일 1큰술, 처빌 1줄기, 검은 통후추, 소금, 레몬즙, 레몬껍질과 같이 진공 포장한다.

2. 1을 30℃ 이하의 물에서 시작하여 55℃를 유지한 상태로 30분간 수비드 한 다음 진공 포장을 뜯어 키친타월로 수분을 제거한다.

3. 뜨거운 팬에 퓨어 올리브오일 1큰술을 두르고, 2의 가자미를 껍질 쪽부터 앞뒤로 아주 잠깐 구워 접시에 담는다.

4. 올리브는 물에 넣어 소금기를 제거하고 링 모양으로 자른 후 팬에 넣어 약한 불에서 살짝 굽는다.

5. 방울토마토는 링 모양으로 잘라 팬에서 살짝 굽는다.

6. 엔다이브는 4등분 하여 냄비에 담고 생선 육수에 익힌 후 뜨거운 팬에서 버터와 설탕을 넣고 색이 나도록 굽는다.

7. **[홍피망 소스]** 홍피망은 집게를 사용하여 직화로 구워 찬물에 담갔다가 껍질을 벗기고 잘게 자른다.

8. 7의 홍피망과 분량의 재료를 믹서에 모두 넣어 곱게 갈고 체에 걸러 냄비에 담은 후 약한 불에서 1/3로 졸여 걸쭉한 농도로 만든다. 식힌 후 튜브에 담는다.

9. **[플레이팅]** 접시에 구운 엔다이브를 놓고 3의 가자미, 4의 올리브와 5의 방울토마토, 처빌 1줄기를 순서대로 올린 후 엑스트라버진 올리브오일을 뿌리고, 그 옆에 홍피망 소스를 짠다.

다진 새우와 백합조갯살을 넣은 비트 라비올리

🍴 라비올리는 파스타의 일종. 우리나라의 만두와 비슷하며 겉피가 두꺼워 삶아서 익혀내고 소스를 넣어 한 번 더 익히는 것이 특징이다.

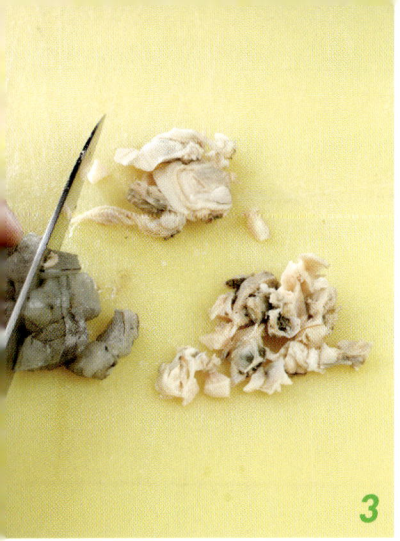  

| 재료 | 비트 200g, 알새우·백합조갯살 10개씩, 양파 1/4개, 케첩 2큰술, 딜 1줄기, 퓨어 올리브오일 1큰술, 소금·후춧가루 약간씩 |

만들기

1. 비트는 껍질을 얇게 벗기고 슬라이서를 사용하여 원 모양으로 얇게 밀어 10장을 만든다.
2. 비트 슬라이스에 소금을 뿌려 1시간 정도 재우고, 물에 헹군 후 물기를 제거한다.
3. [라비올리 소] 양파와 알새우는 잘게 잘라 백합조개와 같이 퓨어 올리브오일을 두른 팬에서 볶는다.
4. 3에 케첩을 넣어 신맛을 날리고 소금, 후춧가루로 간을 하여 식힌다.
5. 딜은 잘게 다지고 4에 섞어 라비올리 소를 만든다.
6. [플레이팅] 2의 비트 슬라이스에 라비올리 소를 알맞게 넣고 반달 모양으로 접어 모양을 만든 다음 접시에 담는다.

memo

슬라이서 : 손이 많이 가는 야채나 과일 등을 자동으로 써는 기구이다. 투입구에 적당한 크기로 잘라 넣고 원하는 판을 골라 가늘고 길게 써는 채썰기와 비스듬히 얇게 써는 슬라이스 썰기 등을 할 수 있다.

당근 커리 퓌레를 곁들인
아스파라거스와 오징어

재료 오징어 1마리, 새우 5마리, 레몬 1/4개, 화이트 아스파라거스 2줄기, 화이트와인 200mL, 당근 커리 퓌레 2큰술, 소금·통후추 약간씩, 민트, 딜

당근 커리 퓌레 당근 1개, 오뚜기 카레 1큰술, 우유 500mL, 소금·후춧가루 약간씩

만들기

1. **[당근 커리 퓌레]** 당근은 감자칼을 사용하여 껍질을 제거하고 얇게 슬라이스 한다.
2. 냄비에 분량의 재료를 모두 넣고 끓이다가 약한 불에서 당근을 푹 익힌다.
3. 2를 믹서에 넣어 곱게 갈고 차갑게 식힌 후 튜브에 담아 준비한다.
4. **[오징어 및 새우 삶기]** 오징어는 내장과 뼈를 제거하여 1cm 두께로 썬다.
5. 냄비에 화이트와인, 소금, 통후추를 넣고 레몬은 짜서 껍질까지 넣고 끓인다.
6. 끓으면 오징어와 새우를 넣어 익힌 후 건져내어 식힌다.
7. 오징어와 새우 삶은 물은 체에 거르고 육수만 빨리 식혀 오징어와 새우를 넣고 냉장 보관한다.
8. 화이트 아스파라거스는 섬유질을 벗겨 뜨거운 물에 데친 후 찬물에 식혀 물기를 제거한다.
9. 냉장 보관한 오징어와 새우는 물기를 제거한다.
10. **[플레이팅]** 평평한 접시에 8의 아스파라거스를 놓고, 9의 새우를 예쁘게 걸친다.
11. 9의 오징어와 당근 커리 퓌레를 사진과 같이 플레이팅 한다. 민트와 딜로 장식한다.

memo 화이트 아스파라거스는 그린 아스파라거스보다 생산량은 많지 않지만 부드럽고 감칠맛이 좋다.

4

10

11

해산물류

참치 타타키와
홀스래디시 에스푸마

타타키(たたき)는 참치 등을 겉만 살짝 구워 상큼한 소스와 함께 내는 요리이다.

| 재료 | 참치 100g, 오이 · 가지 1/2개씩, 래디시 · 방울토마토 1개씩, 소금물 200mL, 퓨어 올리브오일 5큰술, 홀스래디시 에스푸마 4큰술, 소금 약간, 처빌 |

| 홀스래디시 에스푸마 | 크림치즈 · 홀스래디시 원액 1큰술씩, 생크림 100mL |

만들기

1. 참치는 연한 소금물에 넣어 해동시킨 후 키친타월을 사용하여 물기를 제거하고 가로 2cm, 세로 10cm, 두께 0.5cm 크기로 자른다.

2. 오이는 가시와 씨를 제거하고 필러를 사용하여 0.3cm 두께, 12cm 길이로 슬라이스 한다.

3. 2의 오이를 접시에 담아 소금, 퓨어 올리브오일 1큰술로 간을 하고 5분간 실온에 두었다가 돌돌 말아 준비한다.

4. 가지는 가로 2cm, 세로 2cm 크기로 썰어 소금, 퓨어 올리브오일 2큰술로 간을 하고 팬에 담아 강한 불에서 굽는다.

5. [홀스래디시 에스푸마] 크림치즈를 냄비에 담아 중탕하고① 생크림, 홀스래디시 원액을 섞은 후② 약한 불에서 천천히 휘핑하여 녹인 다음③ 체에 거른다.

6. 5를 식혀 휘핑건에 담고, 충전식 질소가스를 끼워 충분히 흔든 다음 냉장고에 10분간 보관하여 사용한다.

7. 래디시는 0.3cm 두께로 슬라이스 하여 찬물에 담가두고, 방울토마토는 끓는 물에 데쳐 껍질을 벗긴다.

8. 팬에 퓨어 올리브오일 2큰술을 두르고 1의 참치를 겉면이 갈색이 되도록 강한 불에서 구워 2cm 길이로 자른다.

9. [플레이팅] 자른 참치를 접시에 놓고 3의 오이 롤, 4의 가지, 7의 래디시와 방울토마토, 홀스래디시 에스푸마를 왼쪽 사진과 같이 플레이팅 한다. 처빌로 장식한다.

memo
에스푸마 : 질소를 혼합한 휘핑건을 사용하여 크림, 퓨레로 만든 거품 소스

해산물류

칵테일 새우와
타라곤향 아스파라거스

 버터플라이(butterfly)는 육류나 해산물을 잘라 양쪽 끝을 나비의 날개처럼 펼친 모양이다.

재료 새우 2마리, 아스파라거스 2줄기, 방울토마토 2개, 마늘 3~4쪽, 타라곤 1줄기, 월계수 잎 2장, 엑스트라버진 올리브오일 2큰술, 화이트와인 100mL, 타라곤 소스 3큰술, 소금 약간, 식용 꽃

타라곤 소스 타라곤 1줄기, 양파 1/6개, 생크림 50mL, 화이트와인 25mL, 버터 1큰술, 정향 1알

만들기

1. **[칵테일 새우]** 새우는 꼬리 쪽 한 마디 껍질을 남겨 두고 내장과 껍질을 제거한 다음 등 쪽으로 칼집을 넣어 버터플라이 한다.
2. 손질한 새우를 팬에 넣고 화이트와인, 마늘 슬라이스, 소금, 타라곤, 월계수 잎 1장, 엑스트라버진 올리브오일 1큰술을 넣어 53~54℃의 온도에서 20분간 오일링 한다.
3. 방울토마토는 끓는 물에 데친 후 껍질을 벗겨 슬라이스 2쪽을 만들고, 건조기에서 55℃로 2시간 정도 건조한 다음 그대로 보관한다.
4. **[타라곤 소스]** 화이트와인을 팬에 담아 강한 불에서 플람베 하고 다진 양파, 타라곤, 정향을 넣어 약한 불에서 10분간 졸인다.
5. 다른 팬에서 생크림을 약한 불에서 1/2로 졸여 **4**와 섞은 후 정향은 제거하고 볼에 담는다.
6. **5**에 버터를 넣고 휘핑한 다음 튜브에 담아 냉장 보관한다.
7. 아스파라거스는 껍질을 제거하고 엑스트라버진 올리브오일 1큰술, 월계수 잎 1장과 같이 진공 포장한 다음 30℃의 물에서 시작하여 50~52℃를 유지한 상태로 10분간 수비드 한다.
8. **[플레이팅]** 타라곤 소스를 왼쪽 사진과 같이 접시에 짠 후 **7**의 아스파라거스, **3**의 방울토마토, **2**의 새우를 순서대로 놓는다. 식용 꽃으로 장식한다.

토마토 소스를 곁들인 가리비찜

재료	가리비 2개, 헤이즐넛 5개, 땅콩오일 1큰술, 토마토 소스 50mL, 딜, 식용 꽃
토마토 소스	방울토마토 10개, 레몬 1/4개, 꿀 1작은술, 소금·후춧가루 약간씩

만들기

1. 가리비는 물에 삶다가 입을 벌리면 찬물에 식혀 살과 껍질을 분리한다.
2. [토마토 소스] 레몬은 즙을 내고 방울토마토와 같이 믹서에 넣고 곱게 갈아 체에 거른 후 꿀, 소금, 후춧가루로 간을 한다.
3. 헤이즐넛은 칼 옆면으로 내려쳐서 으깬다.
4. [플레이팅] 예쁜 잔에 토마토 소스를 담아 가리비 살을 놓고, 으깬 헤이즐넛과 땅콩오일을 뿌린 후 딜과 식용 꽃으로 장식한다.

memo
땅콩오일은 땅콩을 압착하여 오일을 만든 것으로, 진한 원액 오일과 식용유를 혼합한 오일이다.

1

2

3

해산물류

미니 파프리카 연어 살사

재료	미니 파프리카 2개, 연어 살사 4큰술
연어 살사	연어 필렛 150g, 딜 2줄기, 토마토 1/4개, 요거트 1/2개, 적채 30g, 소금·후춧가루 약간씩

 만들기

1. **[연어 살사]** 연어는 1cm 크기의 주사위 모양으로 자르고, 적채와 딜은 다진다.
2. 토마토는 끓는 물에 데쳐 1cm 크기의 주사위 모양으로 자른다.
3. 1, 2에 요거트, 소금, 후춧가루를 버무려 연어 살사를 만든다.
4. 미니 파프리카는 길게 반으로 잘라 씨를 제거하고 흐르는 물에 헹군다.
5. **[플레이팅]** 파프리카 안에 연어 살사를 채워 넣고 접시에 예쁘게 담는다.

memo
- 살사(salsa)는 비스킷, 나초, 배추, 딱딱한 빵류 등에 곁들이면 좋다.
- 살사는 멕시코 전통음식인 토르티야(tortilla) 요리에 빠지지 않고 들어가는 매콤한 맛을 내는 소스로, 토마토가 주재료로 사용된다.

해산물류

보케리아

보케리아(boquria)는 스페인 바르셀로나의 람브란스 거리에 있는 시장, 예전에는 재래시장이었으나 관광지로 인기를 끌면서 깨끗하게 정리한 현대시장이다.

재료 달걀 1개, 총알오징어 1마리, 하몽 1장, 완두콩 100g, 식초 50mL, 물 500mL, 엑스트라버진 올리브오일 2큰술

만들기

1. [수란 익히기] 물과 식초를 냄비에 담아 보글보글 끓인다.
2. 달걀은 깨지지 않도록 국자에 담아 1에 살살 넣는다.
3. 젓가락으로 달걀의 모양을 잡아 앞면이 굳기 시작하면 뒤집어 익힌다.
4. 국자로 살살 건드려 보다가 겉면이 단단해지면 꺼낸 후 따뜻한 물에 담가 식초의 맛을 제거한다. 노른자가 소스와 같이 사용되며 반숙이 포인트이다.
5. 완두콩은 깍지를 떼어내고 삶는다.
6. 오징어는 찜통에 부드럽게 찐 다음 뼈대를 빼낸다.
7. [플레이팅] 접시 가운데에 5의 완두콩을 담고, 그 위에 4의 수란을 올린 후 수란의 양 옆에 6의 오징어를 놓는다.
8. 하몽을 찢어 놓은 후 엑스트라버진 올리브오일을 뿌린다.

memo
하몽은 도토리를 먹여 키운 스페인 토착돼지 이베리코의 넓적다리를 염장하여 서늘한 그늘지붕에 말린 것으로, 말린 육포라고 생각하면 이해하기 쉽다.

해산물류

아귀 탕수

🍴 일식에서 아귀 간을 쪄서 만든 요리를 '안키모', '바다의 푸아그라'라고도 부르며, 질감이 부드럽고 촉촉해서 술안주로도 아주 좋다.

재료	아귀살 200g, 달걀 2개, 샬롯 2개, 대파(흰 부분)·실파 2줄기씩, 다진 마늘 1작은술, 간장 소스·화이트와인 2큰술씩, 식용유 500mL, 전분 적당량, 소금·후춧가루 약간씩
간장 소스	진간장 30mL, 미림·식초 25mL씩, 물 100mL, 설탕 25g, 레몬즙 2큰술

만들기

1. [간장 소스] 냄비에 분량의 재료를 모두 넣고 설탕이 잘 녹도록 섞은 후 한번 끓여 식힌다.
2. 대파와 샬롯은 얇게 채 썰어 섞은 후 찬물에 담갔다가 물기를 제거하고, 실파는 잘게 채 썬다.
3. [아귀 탕수] 아귀살은 한입 크기로 자르고 화이트와인에 재워 잡내를 없앤다.
4. 잡내를 없앤 아귀살에 다진 마늘, 소금, 후춧가루로 밑간을 한다.
5. 달걀을 풀고 전분은 볼에 담아 놓는다.
6. 밑간을 한 아귀살에 달걀물을 입힌 후 전분을 묻힌다.
7. 프라이팬에서 170℃의 식용유에 6의 아귀살을 튀긴다.
8. [플레이팅] 간장 소스를 따뜻하게 데워 접시에 담고 튀긴 아귀 탕수를 놓은 후 2의 대파와 샬롯, 실파를 올려 요리를 완성한다.

memo
아귀는 이빨이 날카롭고 점액질이 있어 끈끈하고 손질하기 불편하지만 손질된 아귀살은 구워도 맛있고, 특히 내장 중에서 간은 매우 맛이 좋다.

해산물류

성게알 푸딩

🍴 성게알 푸딩은 몽글몽글한 푸딩이 진한 바다를 한 큰술 떠온 듯한 상상의 나래를 펼쳐주는 요리

재료	성게알 100g, 판 젤라틴 1장, 딜 3줄기, 다진 마늘 1작은술, 엑스트라버진 올리브오일 2큰술, 간장 소스 30mL, 민트
간장 소스	진간장 30mL, 미림 · 식초 25mL씩, 물 100mL, 설탕 25g, 레몬즙 2큰술

만들기

1. [성게알 푸딩] 판 젤라틴을 중탕으로 녹인다.
2. *1*과 성게알, 다진 마늘, 딜, 엑스트라버진 올리브오일 1큰술을 믹서에 넣어 갈고, 예쁜 잔에 담아 냉장고에 넣어 식힌다.
3. [간장 소스] 분량의 재료를 볼에 모두 넣고 설탕이 녹도록 섞어 간장 소스를 만든다.
4. [플레이팅] 냉장고에 넣어 식힌 성게알 푸딩을 담은 잔을 꺼내어 간장 소스를 살짝 붓고, 그 위에 엑스트라버진 올리브오일 1큰술을 뿌린다. 민트로 장식한다.

memo
- 성게알은 효소를 많이 함유하고 있으므로 알코올 해독작용이 강하여 술안주로 좋다.
- 성게알은 신선함을 요하는 해산물이므로 냉장고에 보관하며 가급적이면 빨리 섭취하도록 한다.

채소주스를 곁들인 대고동

해산물류

🍴 여수에 갔다가 대고동으로 유명한 막걸리 집을 찾아가 먹었던 그 맛을 잊지 못해 개발한 요리. 생각보다 손이 많이 가지만 1차 과정을 거친 후 작게 나누어 냉동고에 보관하면 오래 먹을 수 있다.

재료 대고동 300g, 양파 1/2개, 당근 1개, 레몬 1/4개, 셀러리 1줄기, 마늘 5쪽, 통후추 1작은술, 화이트와인 100mL, 소금물 600mL, 물 1.4L, 월계수 잎 2장, 소금 약간, 민트

만들기

1. 대고동은 하루 정도 소금물에 해감한다.
2. 물 600mL에 소금을 넣어 밑간을 하고 대고동을 넣어 끓이다가 약한 불에서 보글보글 30분간 끓인다.
3. 찬물에 대고동을 여러 번 헹군 후 펜치나 전지가위를 사용하여 꼬리 부분을 1cm 정도 자른다.
4. 양파, 당근, 셀러리, 마늘을 잘게 자르고, 냄비에 화이트와인, 통후추, 레몬, 물 800mL, 월계수 잎과 같이 넣어 끓인 후 약한 불에서 30분 정도 끓인다.
5. 채소를 걸러내고 대고동을 넣어 30분 정도 더 삶는다.
6. [플레이팅] 채소를 삶은 물은 버리고, 삶은 대고동을 칵테일글라스에 담은 후 민트를 꽂아 장식하면 요리가 완성된다.

memo 대고동은 완도 해녀들이 머리에 플래시를 달고 야간에 잠영하여 따는데, 중국산 고동과 달리 알이 크고 맛이 진하다.

주꾸미와 미나리 샐러드

재료	주꾸미 3마리, 메추리알 3개, 미나리 40g, 간장 소스 2큰술, 쿠르부용 200mL
간장 소스	진간장·식초 1큰술씩, 들깨가루 2큰술, 들기름 4큰술, 통깨 1/8 작은술, 다진 마늘 1/2작은술, 코코넛설탕(또는 꿀) 10g, 양파 1/8개

만들기

1. [간장 소스] 들기름을 제외한 분량의 재료를 볼에 모두 넣고 섞다가 들기름을 넣고 다시 섞어 간장 소스를 만든다.
2. 미나리는 흐르는 물에 씻어 물기를 털어주고 4~5cm 길이로 자른다.
3. 메추리알은 삶은 후 껍질을 벗겨 주꾸미 머리 쪽에 넣는다.
4. 메추리알을 넣은 주꾸미를 냄비에 넣고 쿠르부용에 포치한 다음 주꾸미 껍질을 벗긴다.
5. [플레이팅] 손질한 미나리를 간장 소스와 같이 접시에 담고, 그 위에 메추리알을 넣은 주꾸미를 올린 후 미나리 잎으로 장식한다.

memo
포치(poach) : 물 또는 육수에 재료를 삶는 것을 말하며, 포치드 에그(poached egg)로 알려진 삶은 달걀요리에 사용되는 조리법이다.

해산물류

수비드 한 왕새우와 구운 파프리카

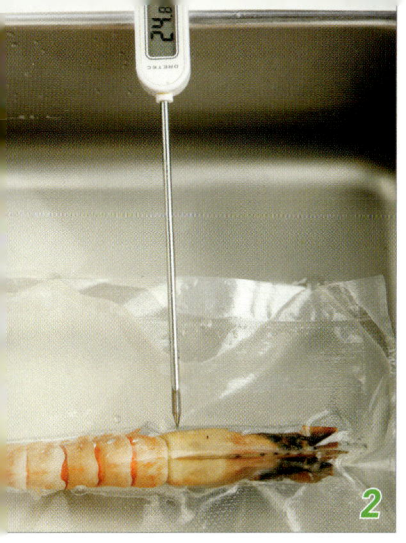  

| 재료 | 왕새우 1마리, 아스파라거스 1줄기, 레몬즙 2큰술, 3색 파프리카 1/2개씩, 엑스트라버진 올리브오일 1큰술, 화이트와인 2큰술, 소금 약간, 오징어 먹물 튀일, 차이브 |

| 오징어 먹물 튀일 | 오징어 먹물 1작은술, 밀가루 1큰술, 물 5큰술, 퓨어 올리브오일 5큰술 |

*오징어 먹물 튀일은 밀가루:물:퓨어 올리브오일=1:5:5의 비율로 만들고, 오징어 먹물을 넣어 색을 낸다.

만들기

1. **[수비드 한 왕새우]** 새우는 꼬리 쪽 껍질을 제외한 나머지 껍질과 내장, 머리를 제거한 다음 배 쪽으로 칼집을 4~5회 넣는다.
2. 손질한 새우는 화이트와인, 레몬즙 1큰술, 소금과 같이 진공 포장한 다음 30℃ 이하의 물에서 시작하여 55℃를 유지한 상태로 15~25분간 수비드 한다.
3. 2를 찬물에 넣어 식힌 다음 진공 포장한 상태로 냉장 보관한다.
4. 아스파라거스는 감자칼을 사용하여 껍질을 제거하고, 길이로 반 잘라 강한 불에서 끓는 물에 데쳐 찬물에 담가둔다.
5. 파프리카는 직화로 구워 찬물에 식힌 후 껍질과 씨를 제거하고 키친타월로 물기를 제거한다.
6. 구운 파프리카를 가로 2cm, 세로 5cm 크기로 자르고 엑스트라버진 올리브오일, 레몬즙 1큰술, 소금으로 양념한 다음 돌돌 말아 준비한다.
7. **[오징어 먹물 튀일]** 믹싱볼에 분량의 재료를 모두 넣고 반죽을 만든 다음 165℃의 퓨어 올리브오일에 튀겨 오징어 먹물 튀일을 만든다.
8. **[플레이팅]** 접시에 진공 포장을 뜯은 **2**의 새우를 놓고, 칼집을 넣은 자리에 **5**의 파프리카를 끼운다. 차이브와 **4**의 아스파라거스, 오징어 먹물 튀일로 장식한다.

해산물류

남플라 소스를 곁들인 광어

🍴 독특한 짠맛과 매콤한 청량함의 소스가 광어의 신선함을 극상으로 끌어올린다.

재료 광어 필렛 100g, **5가지 채소(당근, 양파, 당귀, 셀러리, 배추)** 20g씩, **다시마** 1/4장, **레몬주스** 30mL, **물** 150mL, **엑스트라버진 올리브오일** 1큰술, **남플라 소스** 3큰술, **썬 김·통깨·소금·후춧가루** 약간씩

남플라 소스 피시 소스 90mL, 칠리 피클 50g, 다진 마늘 40g, 설탕 30g, 레몬주스 30mL, 물 150mL

만들기

1. [남플라 소스] 분량의 재료를 믹서에 모두 넣어 갈고, 냉장고에서 숙성하여 남플라 소스를 만든다.
2. 다시마는 물에 살짝 헹궈 물기를 제거한 다음 광어를 감싸고 랩으로 싼다.
3. 2를 6시간 냉장 숙성한 다음 레몬주스와 물을 1:5로 섞은 용액에 살짝 헹궈 물기를 제거한다.
4. 다시 랩으로 감싸 광어를 2시간 숙성한 후 사용한다.
5. 당근, 셀러리는 껍질을 제거한다. 채소는 흐르는 물에 헹군 후 당근은 잘게 채 썰고 양파, 당귀, 배추, 셀러리는 얇게 슬라이스 한다.
6. 모든 채소는 물에 담갔다가 최대한 물기를 제거한다.
7. 숙성한 광어는 2cm 크기의 주사위 모양으로 썰어 남플라 소스와 엑스트라버진 올리브오일에 버무린 후 소금, 후춧가루로 간을 한다.
8. [플레이팅] 준비한 채소를 접시에 깔고 7의 광어를 올린 후 썬 김과 통깨를 뿌린다.

memo

남플라(nam pla) 소스 : 태국, 베트남 등 피시 소스로 만든 동남아 스타일의 소스이다.

2

5

7

해산물류

파르메산 치즈 소스를 곁들인 오징어 롤

🍴 부드럽고 진한 풍미를 가지고 있는 육지와 바다의 짠맛의 향연

재료	오징어 1마리, 새우 3마리, 생합 5개, 자몽·오렌지 1/4개씩, 화이트와인 500mL, 파르메산 치즈 소스 4큰술, 엑스트라버진 올리브오일 2큰술, 소금·후춧가루 약간씩, 한련화 잎
파르메산 치즈 소스	파르메산 치즈 가루 1큰술, 플레인 요거트 1개, 다진 딜 2작은술, 소금·후춧가루 약간씩

만들기

1. 오징어는 내장과 눈, 이빨을 제거하고, 껍질을 벗겨 배 안쪽에 격자로 칼집을 촘촘히 낸다.
2. 냄비에 화이트와인, 소금, 후춧가루를 넣고 끓으면 오징어를 넣는다. 오징어가 휘어지면 젓가락으로 잘 말아지도록 모양을 잡는다.
3. 오징어를 삶은 화이트와인에 새우와 생합을 삶은 후 찬물에 식혀 물기를 제거한다.
4. 생합은 조갯살을 발라내고 오징어는 한입 크기로 자른다.
5. 오렌지와 자몽은 껍질을 벗기고 초승달 모양으로 자른다.
6. [파르메산 치즈 소스] 분량의 재료를 모두 섞어 파르메산 치즈 소스를 만든다. 튜브에 담아 보관한다.
7. [플레이팅] 4의 생합과 오징어에 엑스트라버진 올리브오일을 살짝 버무려 접시에 담는다.
8. 파르메산 치즈 소스, 5의 오렌지와 자몽을 왼쪽 사진과 같이 플레이팅 한다. 한련화 잎으로 장식한다.

> **memo**
> 파르메산 치즈는 고체 형태의 이탈리아 치즈로, 얇게 잘라 먹기도 하고 파우더 형태로도 많이 사용한다. 초록 통에 담겨 시판되는 파르메산 치즈는 짭조름한 맛이 있지만, 덩어리 형태의 파르메산 치즈는 담백하며 깊은 맛이 있다.

해산물류

해초와 오이 셀러드

🍴 파래는 니코틴 해독작용을 하며, 철분과 섬유질을 다량 함유하고 있어 여성의 다이어트에 많은 도움을 준다.

재료	꼬시래기 30g, 바다포도 10g, 파래 30g, 오이 1/2개, 천일염 2큰술, 거품 소스 2큰술
양념	레몬즙 1큰술, 식초 1작은술, 설탕 1큰술, 물 3큰술, 소금 1/2작은술
거품 소스	레몬즙 1큰술, 민트 잎 2장, 레시틴 1/4작은술, 설탕 1작은술, 우유 25mL, 화이트와인 10mL

만들기

1. [양념] 설탕, 소금, 식초, 레몬즙, 물을 1 : 0.3 : 0.5 : 1 : 3의 비율로 섞어 양념을 만든다.
2. [파래 파우더] 파래는 천일염 1큰술로 문질러 세척하고 맑은 물에서 몇 번 씻어 물기를 제거한다.
3. 물기를 제거한 파래에 양념 1큰술을 넣어 실온에 1시간 정도 두었다가 건조기에서 36~39℃로 4시간 건조한 후 체에 걸러 파우더로 만든다.
4. 오이는 가시와 씨를 제거하고, 필러를 사용하여 0.3cm 두께로 얇고 길게 슬라이스 한 다음 1의 양념 1큰술과 같이 진공 포장한다.
5. [거품 소스] 분량의 재료를 믹싱볼에 모두 넣고 섞은 후 실온에 20분 정도 두었다가 핸드믹서로 충분히 갈아 거품 소스를 만든다.
6. 꼬시래기는 천일염 1큰술로 문질러 세척하고 찬물에 10분 정도 불려 짠맛을 없앤다.
7. 짠맛을 없앤 꼬시래기는 끓는 물에 살짝 데쳐 물기를 제거하고, 양념 1큰술을 넣어 10분간 실온에 둔다.
8. [플레이팅] 진공 포장을 뜯은 4의 오이를 접시에 놓고, 그 위에 양념한 꼬시래기와 바다포도를 담은 후 거품 소스를 한쪽으로 올리고 파래 파우더를 뿌린다.

해산물류

비스큐 소스와 전복찜

🍴 비스큐 소스는 랍스터 껍질과 대가리로 만드는데, 갑각류의 껍질이나 살을 통째로 하여 만들기도 한다.

재료	전복 3개, 비스큐 소스 3큰술, 미역 리조또 2큰술
비스큐 소스	꽃게 2개, 마늘 5쪽, 양파·당근 1개씩, 셀러리 2줄기, 토마토 페이스트 3큰술, 후춧가루 1삭은술, 소개 육수·토마토 소스 500mL씩, 휘핑크림 300mL, 화이트와인 50mL, 월계수 잎 2장, 퓨어 올리브오일 50mL
미역 리조또	마른 미역 20g, 참기름 2큰술, 쇠고기 육수 500mL, 소금·후춧가루 약간씩

만들기

1. **[비스큐 소스]** 마늘, 양파, 당근, 셀러리는 얇게 슬라이스 하고, 꽃게는 깨끗이 씻어 등껍질을 벗기고 4등분 한다.
2. 깊이가 깊은 팬에 퓨어 올리브오일을 넉넉히 두르고 모든 채소와 꽃게를 볶는다.
3. 2에 토마토 페이스트를 넣고 볶다가 화이트와인을 넣어 잡내를 제거한다.
4. 냄비에 3과 조개 육수, 토마토 소스, 휘핑크림, 월계수 잎, 후춧가루를 넣고 강한 불에서 끓이다가 약한 불에서 20분 끓인 후 월계수 잎은 건져낸다.
5. 4를 믹서에 넣어 곱게 갈고 체에 거른 후 식혀 비스큐 소스를 완성한다.
6. **[미역 리조또]** 미역은 하루 전날 물에 불렸다가 물기를 최대한 제거하고, 냄비에 아주 잘게 잘라 참기름과 같이 볶는다.
7. 볶은 미역에 소금, 후춧가루, 쇠고기 육수를 넣고 약한 불에서 부드럽게 충분히 익혀 미역 리조또를 만든다.
8. 전복을 찜통에 넣고, 물이 끓으면 5분 동안 찐 다음 찬물에 헹군다.
9. 껍질과 살을 분리하고 이빨을 칼로 떼어 낸 후 물기를 닦아낸다.
10. **[플레이팅]** 접시에 미역 리조또를 담고 전복을 놓은 다음 비스큐 소스를 끓인 후 전복 옆에 부어 요리를 완성한다.

2

6

9

와사비를 곁들인 광어

재료	광어 필렛 200g, 무순 20g, 통깨 · 와사비 · 엑스트라버진 올리브오일 1큰술씩, 대파(흰 부분) 1줄기, 썬 김 조금, 간장 소스 2큰술, 소금 · 후춧가루 약간씩
간장 소스	진간장 30mL, 미림 · 식초 25mL씩, 물 100mL, 설탕 25g, 레몬즙 2큰술

만들기

1. [간장 소스] 분량의 재료를 볼에 모두 넣고 설탕이 잘 녹도록 섞어 간장 소스를 만든다.
2. 대파는 흐르는 물에 씻어 물기를 털어내고 잘게 자른다.
3. 무순도 흐르는 물에 씻은 다음 물기를 털어낸다.
4. 광어는 1cm 두께로 슬라이스 하고 엑스트라버진 올리브오일과 소금, 후춧가루로 간을 한다.
5. 광어에 간장 소스를 뿌리고 통깨를 뿌려 조물조물 무친다.
6. [플레이팅] 접시에 5의 광어를 담고 잘게 자른 대파, 무순, 썬 김, 와사비를 왼쪽 사진과 같이 광어를 둘러싸도록 플레이팅 한다.

memo

일식에서 횟감 생선을 다시마로 말아서 숙성하는 방법을 곤부즈메라 하는데, 다시마의 감칠맛을 입히고 비린내를 제거하는 등의 효과를 볼 수 있는 방법이다. 농어, 숭어, 연어, 송어, 광어 등의 횟감이면 어떤 생선이든 좋다.

해산물류

버섯 무스를 곁들인
수비드 한 오징어 링

재료	오징어(몸통) 1마리, 월계수 잎 1장, 토마토 1개, 표고·송이버섯 1개씩, 만가닥버섯 2개, 딜 2줄기, 버터 1큰술, 마늘 슬라이스 2쪽, 검은 통후추 3~5알, 버섯 무스 2큰술, 그린 소스 1큰술, 엑스트라버진 올리브오일 1큰술, 소금 약간, 단호박 튀일, 어린잎, 쏘렐
버섯 무스	표고·송이버섯 1개씩, 만가닥버섯 2개, 생크림 1큰술, 트러플오일 1작은술, 발사믹식초 1큰술
그린 소스	바다포도 4줄기, 딜 1줄기, 생크림 1큰술, 구연산 1/2작은술
단호박 튀일	단호박 1/4개, 밀가루 2큰술, 달걀 1개

만들기

1. **[수비드 한 오징어 링]** 오징어는 내장과 껍질을 제거하고 1.5cm 두께의 링 모양으로 잘라 월계수 잎, 딜, 검은 통후추, 마늘 슬라이스, 버터, 소금을 넣어 진공 포장한다.

2. 버섯은 꼭지를 제거하고 엑스트라버진 올리브오일 1/2큰술과 소금을 넣어 진공 포장한다.

3. **1**의 오징어는 30℃ 이하의 물에서 시작하여 56℃를 유지한 상태로 20분간 수비드 하고, **2**의 버섯은 55℃에서 15분간 수비드 한 다음 모두 찬물에 담가둔다.

4. 토마토는 끓는 물에 데쳐 껍질과 씨를 제거하고, 70℃로 예열한 오븐에서 1시간 동안 건조한 후 약한 불에서 10분간 엑스트라버진 올리브오일 1/2큰술에 절여 콩피를 만든다.

5. **[단호박 튀일]** 단호박은 껍질과 씨를 제거하여 삶은 후 볼에 담고 밀가루, 달걀을 넣어 핸드믹서로 믹싱하여 반죽한다.

6. **5**의 반죽을 팬에 펴 담고 145℃로 예열한 오븐에서 4~5분 구워 튀일을 만든다.

7. **3**의 버섯은 3~4쪽을 팬에 담아 진한 갈색이 되도록 강한 불에 굽는다.

8. **[버섯 무스]** 분량의 재료를 믹서에 모두 넣고 곱게 갈아 버섯 무스를 만든다.

9. **[그린 소스]** 분량의 재료를 믹서에 모두 넣어 갈고 체와 거즈에 걸러 그린 소스를 만든다. 튜브에 담아 준비한다.

10. **[플레이팅]** 돌접시 중앙에 **3**의 오징어 링을 놓고 버섯 무스를 채운다.

11. 오징어 링 한쪽으로 **4**의 토마토, **6**의 단호박 튀일, **7**의 버섯을 담고 그린 소스를 짠다. 어린잎과 쏘렐로 장식한다.

볶은 마늘과 대파 튀김을 올린 관자찜

 홍콩에 식재료 투어를 갔을 때 바다 근처 해물요리를 전문으로 하는 레스토랑에서 먹었던 것을 재현한 요리

재료	관자 3개, 대파(흰 부분) 1줄기, 다진 마늘 1큰술, 간장 소스 100mL, 식용유 100mL
간장 소스	진간장 30mL, 미림 · 식초 25mL씩, 물 100mL, 설탕 25g, 레몬즙 2큰술

만들기

1. [간장 소스] 분량의 재료를 볼에 모두 넣고 설탕이 잘 녹도록 섞어 간장 소스를 만든다.
2. 다진 마늘은 물에 1시간 정도 담가 매운맛을 빼고 물기를 제거한다.
3. 대파는 얇게 슬라이스 한 다음 물에 1시간 담가 매운맛을 빼고 물기를 제거한다.
4. [관자찜] 관자를 찜통에 넣고 끓여 입을 열고 살이 부드럽게 쪄지면 꺼내 식힌다.
5. 다진 마늘은 연한 갈색이 될 때까지 식용유 50mL를 넣어 볶은 후 키친타월로 기름을 제거하고 식힌다.
6. 대파는 180℃의 식용유 50mL에 튀기고 키친타월로 기름을 제거한다.
7. [플레이팅] 간장 소스를 뜨겁지 않게 데워 접시에 담고 4의 관자찜을 놓은 후, 그 위에 볶은 마늘과 대파 튀김을 올려 요리를 완성한다.

memo
손질된 관자살에 청주나 소주를 뿌리고 섞어 1~2분 정도 두거나 구울 때 후춧가루를 뿌리면 비린내를 잡을 수 있다.

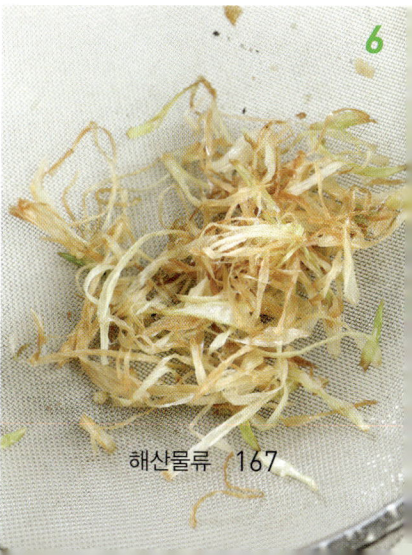

버섯 라구와 버터 관자

재료 관자살 3개, **새송이버섯** 1개, **표고버섯** 2개, **핑크 페퍼** 1작은술, **버터** 3큰술, **다진 마늘·데미글라스** 1큰술씩, **양파** 1/2개, **생크림** 100mL, **소금·후춧가루** 약간씩, **타임**

만들기

1. [버섯 라구] 새송이버섯, 표고버섯, 양파는 잘게 썬다.
2. 잘게 썬 버섯과 양파를 냄비에 담고, 버터 1큰술과 다진 마늘을 넣어 같이 볶는다.
3. 2에 데미글라스와 생크림을 넣고 자작하게 졸인 후 소금, 후춧가루로 간을 하여 버섯 라구를 만든다.
4. [버터 관자] 작은 프라이팬에 버터 2큰술을 넣고 중불에서 버터가 녹으면 관자살을 넣는다.
5. 버터의 열기로 관자를 삶듯이 중불에서 서서히 익히다가 익으면 꺼낸다.
6. [플레이팅] 따뜻하게 데운 버섯 라구를 접시에 담고 버터 관자를 놓은 후 핑크 페퍼를 손으로 으깨어 뿌리고, 타임으로 장식한다.

memo
데미글라스는 고기의 뼈, 힘줄 등으로 구워 만든 소스로 물, 토마토 페이스트, 양파, 당근, 셀러리, 마늘, 레드와인과 허브 등으로 1주일 정도 끓인 소스이다. 육류에 관련된 파생 소스를 많이 만들 수 있는 모체 소스이다.

해산물류

알메하스

🍴 알메하스는 레몬을 짜서 먹으면 더 맛있는 요리

재료 백합조개 100g, 양파 1/4개, 블랙 올리브 5알, 레몬 2조각, 대파(흰 부분) 1/2줄기, 물 1L, 소금 2큰술, 다진 마늘 1/2큰술, 다진 딜 1큰술, 화이트와인 50mL, 퓨어 올리브오일 2큰술

만들기

1. 물 1L에 소금 2큰술을 섞은 후 백합조개를 담가 어두운 곳에서 하루 동안 해감한다.
2. 양파는 다지고 대파는 동전의 3배 두께인 링 모양으로 썬다.
3. 백합조개를 건져내어 물기를 제거한다.
4. 프라이팬에 퓨어 올리브오일을 두르고 마늘, 양파 순서로 볶다가 조개를 넣고 볶는다.
5. 4에 화이트와인을 붓고 뚜껑을 잠깐 덮는다.
6. 조개 입이 벌어지면 블랙 올리브를 넣어 살짝 볶은 후 간을 본다.
7. [플레이팅] 6의 조개를 접시에 담고, 조개 위에 2의 대파를 뿌린 후 레몬을 놓는다. 다진 딜을 뿌린다.

memo
- 알메하스(almejas)는 스페인어로 조개를 뜻한다.
- 조개를 볶으면 프라이팬에 조개국물이 자작하게 생겨 간이 짤 수 있으므로 간을 본 후 담는다.

해산물류

시금치 콜리플라워 퓌레와 조갯살

재료 시금치 200g, 콜리플라워 1/2송이, 백합조개 10개, 우유 300mL, 핑크 페퍼 1작은술, 엑스트라버진 올리브오일 1큰술, 소금·후춧가루 약간씩

만들기

1. [시금치 콜리플라워 퓌레] 콜리플라워는 잘게 잘라 콜리플라워가 부드러워질 때까지 끓는 물에 삶다가 우유를 넣고 다시 삶는다.
2. 1을 믹서에 넣어 부드럽게 갈고 소금, 후춧가루로 간을 한다.
3. 백합조개는 해감하여 흐르는 물에 여러 번 헹군다.
4. 끓는 물에 조개를 삶아 살만 떼어내고 헹군 후 엑스트라버진 올리브오일에 버무린다.
5. 시금치는 잎사귀만 떼어내고 뜨거운 콜리플라워 퓌레에 넣어 숨을 죽인다.
6. [플레이팅] 접시에 시금치 콜리플라워 퓌레를 담고, 그 위에 4의 조갯살을 놓은 후 핑크 페퍼를 손으로 으깨어 뿌린다.

> **memo**
> 콜리플라워는 데쳐서 샐러드로 사용하기도 하지만 끓는 물에 삶고 곱게 갈아 소스로도 많이 사용하며, 맛이 깊어 생선류, 고기류와 매우 잘 어울린다.

해산물류

부르고뉴 스타일의
달팽이 요리

🍴 부르고뉴 스타일의 달팽이 요리는 프렌치 전통요리의 오랜 사랑을 받고 있는 음식 중 하나

재료 달팽이살 10개, 양파 1/4개, 블랙 올리브 5개, 버터 · 퓨어 올리브오일 2큰술씩, 다진 마늘 2작은술, 파슬리 2줄기, 소금 · 후춧가루 약간씩

만들기

1. [달팽이버터] 달팽이살은 흐르는 물에 여러 번 헹궈 깨끗하게 준비한다.
2. 버터는 실온에 두어 부드럽게 한다.
3. 파슬리와 블랙 올리브는 잘게 다져 볼에 담고 버터, 다진 마늘 1작은술, 소금, 후춧가루와 같이 섞어 달팽이버터를 만든다.
4. 양파는 다져서 프라이팬에 넣고 퓨어 올리브오일, 다진 마늘 1작은술과 같이 볶다가 달팽이살을 넣고 볶는다.
5. [플레이팅] 4의 달팽이살을 전용 접시에 담고 달팽이버터를 넣어 버터가 녹아 노릇노릇하게 구워지도록 샐러맨더에 구워 요리를 완성한다.

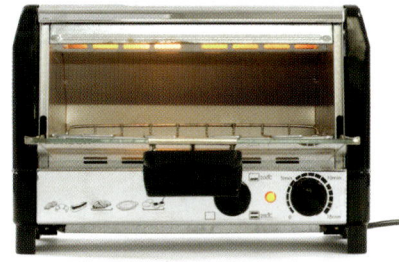

샐러맨더

memo
- 달팽이는 캔 제품을 사용해도 무방하며 여러 번 헹궈 점액질을 제거한다.
- 샐러맨더(salamander)는 열이 상단에서 내리쬐면서 음식을 익히는 주방 전용 전열기구이다.

육류

육류

비프 타타키와 트로피컬 소스

타타키(たたき)는 일본의 요리라 할 수 있지만 현재는 서양요리에서도 많이 사용되는 조리 방법, 이탈리아의 카르파치오(carpaccio)와 비슷하다.

재료	쇠고기(채끝) 50g, 트로피컬 소스 2큰술, 청포도 1알, 처빌, 타임, 식용 꽃
트로피컬 소스	비프주스(구운 채끝에서 나온 주스), 바나나 1개, 파인애플 30g, 물 30mL, 흰 후춧가루 5~10알

만들기

1. [비프 타타키] 채끝은 힘줄을 제거하여 프라이팬에 담고 강한 불에서 겉면을 구운 후 냉장 보관한다.
2. [트로피컬 소스] 구운 채끝에서 나온 주스는 보관한다.
3. 파인애플, 바나나는 껍질을 벗겨 믹서에 넣어 갈고 고운체에 걸러 주스를 만든다.
4. 구운 채끝에서 나온 2의 비프주스에 물을 넣고 약한 불에서 끓여 맑게 한 다음 거즈에 거른다.
5. 청포도는 0.2cm 두께로 슬라이스 한다.
6. 3의 과일주스와 4의 맑은 비프주스에 흰 후춧가루를 으깨어 넣고 체에 걸러 트로피컬 소스를 만든다. 식힌 후 튜브에 담아 보관한다.
7. 1의 구운 채끝은 0.5cm 두께로 잘라 돌돌 말아 준비한다.
8. [플레이팅] 튜브에 담아 놓은 트로피컬 소스를 접시에 짠 후 7의 채끝을 소스 한쪽에 가지런히 담고 5의 청포도, 처빌, 타임, 식용 꽃으로 장식한다.

memo

트로피컬(tropical)은 열대과일인 파인애플, 파파야, 망고 등을 말하며, 이 과일들을 사용하여 만든 것이 트로피컬 소스이다.

육류

구운 양파와 사과를 곁들인 비프 카르파치오

🍴 카르파치오(carpaccio)는 익히지 않은 고기를 얇게 썰어 겉 부분을 양념한 다음 강한 불에서 구운 이탈리아의 대표 요리, 우리나라의 육회와 비슷하다.

재료	쇠고기(안심) 50g, 로즈메리 1줄기, 양파 · 사과 1/4개씩, 검은 통후추 1큰술, 당근 소스 4큰술, 크림치즈 무스 3큰술, 식용유 1큰술, 소금 · 설탕 약간씩, 어린잎, 쏘렐, 한련화 잎
당근 소스	당근 1/4개, 생크림 4큰술, 소금 · 설탕 약간씩
크림치즈 무스	크림치즈 1큰술, 생크림 2큰술, 레몬즙 1작은술, 소금 · 설탕 약간씩

만들기

1. **[비프 카르파치오]** 쇠고기 안심은 지방과 힘줄을 제거하고 다진 로즈메리, 으깬 후추, 소금으로 양념한 다음 강한 불에서 굽는다.
2. 구운 안심은 실온에서 3~5분 보관한 다음 랩으로 감아 냉장고에 보관한다.
3. **[당근 소스]** 당근은 껍질을 제거하고 잘게 썰어 끓는 물에 삶고 생크림, 소금, 설탕을 넣어 다시 10분간 중간 불에서 끓인 후 믹서에 갈고 체에 걸러 당근 소스를 만든다. 튜브에 담아 냉장 보관한다.
4. **[크림치즈 무스]** 분량의 재료를 믹싱볼에 모두 넣어 휘핑한 다음 중간 불에서 중탕한 후 체에 걸러 크림치즈 무스를 만든다. 튜브에 담아 냉장 보관한다.
5. 양파는 0.5cm 두께의 링 모양으로 자르고, 사과는 가로 0.5cm, 세로 5cm 크기의 직사각형 모양으로 자른다.
6. 팬에 식용유를 두르고 자른 양파와 사과를 강한 불에서 각각 굽는다.
7. **[플레이팅]** 냉장고에 보관한 안심은 0.3~0.4cm 두께로 얇게 잘라 실온에 잠깐 두었다가 접시에 담고, 구운 양파와 사과를 놓은 다음 크림치즈 무스, 당근 소스를 왼쪽 사진과 같이 플레이팅 한다. 어린잎과 한련화 잎, 쏘렐로 장식한다.

파프리카 소스를 곁들인 수비드 한 제비추리

재료	제비추리 200g, 표고버섯 1개, 파프리카 소스 2큰술, 타임 3줄기, 버터 1큰술, 소금·검은 통후추 약간씩, 딜
파프리카 소스	빨간 파프리카 2개, 화이트와인비네가 150mL, 꿀 1작은술, 소금 약간

만들기

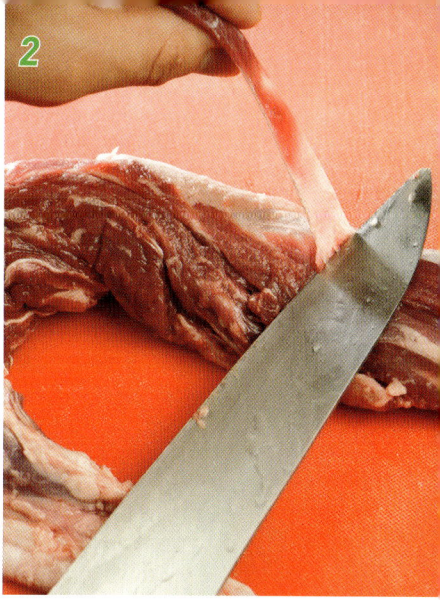

1. **[수비드 한 제비추리]** 표고버섯은 물에 삶아 흐물거리게 하고 4~5등분 하여 슬라이스 한다.
2. 제비추리는 칼을 사용하여 힘줄과 지방, 섬유질을 제거한다.
3. 2의 제비추리는 1의 버섯, 버터, 소금, 검은 통후추, 타임과 같이 진공 포장한 다음 70℃의 물에서 2시간 동안 수비드 한다.
4. **[파프리카 소스]** 빨간 파프리카는 씨와 꼭지를 제거하여 대충 자르고, 분량의 재료를 냄비에 모두 넣어 끓인다.
5. 파프리카가 부드러워질 때까지 약한 불에서 끓인 후 믹서에 넣고 곱게 갈아 파프리카 소스를 만든다.
6. 3의 진공 포장을 뜯어 제비추리를 한입 크기로 자른다.
7. 포장에 남아 있는 버터를 프라이팬에 넣고 6의 제비추리를 중간 불에서 앞뒤로 구워 겉만 익힌다.
8. **[플레이팅]** 7의 제비추리를 접시에 담고, 파프리카 소스를 데워 부은 후 딜로 장식한다.

memo
제비추리는 안심에 붙어있는 살이며, 소 한 마리당 300g 정도 나온다.

육류

숙성된 노른자를 올린
비프 타르타르

타르타르(tartar)는 이탈리아, 프랑스 등에서 생선이나 육류를 생으로 잘게 다져 먹는 음식. 우리나라의 육회에서 착안한 요리이다.

재료	달걀 3개, 카다이프 50g, 버터 2큰술, 간장 소스 50mL, 타르타르 100g, 치커리
간장 소스	진간장 30mL, 미림·식초 25mL씩, 물 100mL, 설탕 25g, 레몬즙 2큰술
비프 타르타르	홍두깨살 200g, 다진 파슬리 1/2큰술, 다진 마늘·다진 블랙 올리브 1작은술씩, 엑스트라버진 올리브오일 3큰술, 소금·후춧가루 약간씩

*카다이프(kadaif) : 터키나 중동지역에서 먹는 얇은 면을 굽거나 익혀 아이스크림이나 디저트에 곁들이는 음식

 만들기

1. [카다이프] 오븐 팬에 지름 5cm인 원봉형 틀을 놓고 카다이프를 뜯어 틀을 감싼다.
2. 실온에서 녹인 버터를 붓으로 카다이프에 바른 후 틀을 걷어내고 170℃로 예열한 오븐에서 갈색이 나도록 구워 차갑게 식힌다.
3. [간장 소스] 분량의 재료를 볼에 모두 넣고 설탕이 잘 녹도록 섞어 간장 소스를 만든다.
4. 달걀은 흰자와 노른자를 분리하여 노른자만 간장 소스에 담가 냉장고에 6시간 보관한 다음 다시 노른자를 뒤집어 냉장고에서 6시간 숙성한다.
5. [비프 타르타르] 홍두깨살을 0.5cm 크기의 주사위 모양으로 자른다.
6. 자른 홍두깨살과 다진 마늘, 다진 파슬리, 다진 블랙 올리브, 엑스트라버진 올리브오일을 볼에 넣고 섞은 후 소금, 후춧가루를 넣어 간을 한다.
7. [플레이팅] 접시에 2의 카다이프를 놓고 원형 틀을 꽂는다. 틀 안에 6의 타르타르를 채우고 무너지지 않게 손으로 살짝 누른 후 틀을 빼낸다.
8. 냉장고에서 숙성한 노른자를 비프 타르타르 위에 올리고 치커리로 장식한다.

 육류

깻잎·고추 무스를 곁들인 육회쌈

재료 쇠고기(우둔살) 30g, 깻잎 1장, 청양고추 1개, 양파 1/8개, 배 1/4개, 마늘 1쪽, 참깨·발사믹 소스 1작은술씩, 차이브 1줄기, **견과류 파우더** 1큰술, **깻잎·고추 무스** 2큰술, 소금·후춧가루 약간씩, 한련화 잎

견과류 파우더 잣 5알, 호두 2개   **깻잎·고추 무스** 깻잎 2장, 청양고추 1개, 참기름 2큰술, 생크림 1작은술

*찹(chop) : 식재료를 잘게 자른 것이며, 찹스테이크는 잘게 자른 스테이크를 뜻한다.

만들기

1. [육회쌈] 깻잎, 청양고추 1/2개, 양파, 마늘, 배, 참깨는 각각 다지고, 우둔살 10g은 찹한 다음 믹싱볼에 담아 참기름, 소금, 후춧가루를 섞어 반죽한다.
2. 청양고추 1/2개는 가늘게 썰어 끓는 물에 데치고 찬물에 식힌 후 키친타월로 물기를 제거하고, 차이브는 잘게 썬다.
3. 남은 우둔살은 스테이크 망치를 사용하여 아주 얇게 두드려 편다.
4. 얇게 편 우둔살은 둥글게 모양을 만들고 1의 재료를 담아 주머니처럼 감싼 후 2의 청양고추로 풀리지 않도록 감아 육회쌈을 만든다.
5. [깻잎·고추 무스] 깻잎, 청양고추, 참기름, 생크림을 믹서에 넣어 곱게 갈고 체에 거른 후 냄비에 담아 약한 불에서 1/4로 천천히 졸이고, 다시 거즈로 압착하여 깻잎·고추 무스를 만든다. 식힌 후 튜브에 담아 준비한다.
6. [견과류 파우더] 잣과 호두는 각각 프라이팬에 담아 약한 불에서 볶아 곱게 다지고 키친타월로 기름을 제거한 다음 섞어서 파우더로 만든다.
7. [플레이팅] 육회쌈이 풀리지 않도록 감은 부분을 평평하게 잘라 접시에 놓고, 그 위에 잘게 썬 차이브를 올린 후 깻잎·고추 무스, 발사믹 소스, 견과류 파우더를 왼쪽 사진과 같이 플레이팅 한다. 한련화 잎으로 장식한다.

와인 젤리와 요거트 소스를
곁들인 촉촉한 육포

재료 쇠고기(안심) 50g, 와인 젤리 60g, 로즈메리 1줄기, 파슬리 10g, 피칸 30g, 땅콩 10g, 코코넛 10g, 사과·청양고추 1/2개씩, 다진 마늘 1/3작은술, 다진 양파·소금 1/2작은술씩, 레드와인 1큰술, 참기름 1/4작은술, 요거트 소스 4큰술, 설탕 약간, 고수, 차이브

요거트 소스 플레인 요거트 3큰술, 꿀·화이트 발사믹식초 1작은술씩

와인 젤리 젤라틴 10g, 레드와인 100mL, 설탕 1작은술

만들기

1. **[육포]** 안심은 힘줄과 지방을 제거하고 스테이크 망치를 사용하여 아주 얇게 두드려 편다.
2. **[양념]** 청양고추, 다진 마늘, 다진 양파, 레드와인, 소금, 설탕을 믹서에 넣어 곱게 갈고, 마지막에 참기름을 넣어 양념한다.
3. **1**의 육포에 **2**의 양념을 첨가하여 1시간 이상 실온에 두었다가 로즈메리와 같이 진공 포장한 다음 냉장고에서 24시간 숙성한다.
4. 사과는 3~4cm 길이의 직사각형 모양으로 잘라 50℃로 예열한 오븐에서 3~4시간 정도 구운 후 랩을 덮어 실온에 보관한다.
5. **[요거트 소스]** 분량의 재료를 볼에 모두 넣고 섞어 요거트 소스를 만든다. 튜브에 담아 준비한다.
6. **[견과류 버터]** 피칸, 땅콩, 코코넛을 프라이팬에 담아 약한 불에서 갈색이 나도록 볶은 후 파슬리와 같이 믹서에 넣고 갈아 견과류 버터를 만든 다음 볼에 담는다.
7. **[와인 젤리]** 냄비에 레드와인을 넣고 강한 불에서 플람베 하여 알코올을 제거한 다음 젤라틴, 설탕을 섞어 평평한 팬에 담고 냉장고에 넣어 와인 젤리를 만든다.
8. **3**의 육포 크기에 따라 와인 젤리의 크기를 조절하여 자른다.
9. **[플레이팅]** 접시에 **8**의 와인 젤리를 놓고, **3**의 진공 포장을 뜯어 육포의 양념을 키친타월로 닦아낸 후 한쪽 부분만 견과류 버터를 바른다.
10. 그 위에 요거트 소스를 짠 후 **4**의 사과를 놓고 다진 차이브와 고수로 장식한다.

육류 189

육류

찹찹미트

 찹(chop)은 식재료를 잘게 자른 것, 대표적인 예로 찹스테이크는 잘게 자른 스테이크를 뜻한다.

재료	쇠고기(안심) 50g, 엔다이브 1포기, 로즈메리 2줄기, 양파 1/6개, 마늘 2쪽, 검은 통후추 5~8알, 진간장 1작은술, 참기름 1/4작은술, 식용유 100mL, 소금 약간, 그린 허브 무스 3큰술, 버터 소스 3큰술, 차이브
그린 허브 무스	시금치 20g, 로즈메리·타임 1줄기씩, 생크림 2큰술
버터 소스	노른자 1개, 버터·배즙 2큰술씩, 레몬즙 1작은술, 생크림 1큰술, 소금 1/3작은술

만들기

1. **[육회찹]** 안심은 힘줄을 제거하여 곱게 다지고, 양파와 마늘 1쪽도 각각 다진다.
2. 남은 마늘 1쪽은 슬라이스 하여 165℃의 식용유에 튀겨 마늘 칩으로 만든 다음 키친타월로 기름을 제거한다. 후추는 으깨고 로즈메리 1/2줄기는 곱게 다진다.
3. 다진 안심과 다진 양파, 다진 마늘, 소금, 진간장, 참기름을 믹싱볼에 넣어 양념한 다음 퀜넬 스푼을 사용하여 럭비공 모양의 육회찹을 만들고, 2의 다진 후추와 로즈메리를 섞어 올린다.
4. 엔다이브는 4등분 한다. 4등분 한 엔다이브와 로즈메리 1줄기를 팬에 넣고 굽는다.
5. **[그린 허브 무스]** 로즈메리와 타임은 줄기를 제거하고 시금치는 끓는 물에 데친 다음 믹서에 같이 넣어 갈고, 체에 거른 후 냄비에 담아 약한 불에서 1/3로 천천히 졸인다.
6. 5를 식힌 후 휘핑한 생크림과 섞어 그린 허브 무스를 만든다. 튜브에 담아 냉장 보관한다.
7. **[버터 소스]** 볼에 노른자와 소금을 넣어 믹싱하고, 실온에서 녹인 버터를 천천히 넣어가며 믹싱한 다음 레몬즙, 배즙, 생크림을 넣어 버터 소스를 만든다. 튜브에 담아 냉장 보관한다.
8. **[플레이팅]** 구운 엔다이브를 접시에 놓고 육회찹, 마늘 칩, 그린 허브 무스, 버터 소스를 왼쪽 사진과 같이 플레이팅 한 다음 차이브와 로즈메리로 장식한다.

육류

망고 스페리피케이션과
미트 파우더

 파우더와 스페리컬은 분자요리 확산의 기본, 미래 요리의 기본 테크닉이 발휘된 요리

재료	쇠고기(우둔살) 50g, 망고 스페리피케이션 1큰술, 타임
망고 스페리피케이션	망고 100g, 알긴산 2g, 염화칼슘 6g, 물 300mL

만들기

1. **[미트 파우더]** 우둔살은 지방을 제거하여 잘게 다진 후 평평한 팬에 얇게 펴 담고 58℃로 예열한 오븐에서 3시간 동안 건조한다.
2. 1의 우둔살을 핸드믹서로 갈아 미트 파우더를 만들고, 키친타월에 올려 기름기를 제거한다.
3. **[망고 스페리피케이션]** 염화칼슘을 물에 녹여 실온에 1시간 이상 보관한다.
4. 망고를 믹서에 넣고 갈아 망고 퓌레를 만든다.
5. 4의 망고 퓌레에 알긴산을 녹여 망고 알긴산용액을 만들고, 실온에 30분간 보관한다.
6. 동그란 계량스푼을 사용하여 3의 염화칼슘용액에 5를 천천히 넣으면서 망고 스페리피케이션을 만든다.
7. **[플레이팅]** 미트 파우더를 접시의 중앙에 담고, 그 위에 망고 스페리피케이션을 올린 후 타임으로 장식한다.

memo
스페리피케이션(spherification) : 알긴산나트륨과 염화칼슘의 화학적 반응을 이용하여 액체를 구(둥근 모양) 또는 젤 형태로 만드는 것으로, 분자요리의 한 종류이다.

육류

청포도 캐비어를 곁들인 슬라이스 미트

재료	쇠고기(우둔살) 30g, 식빵 1장, 래디시 1개, 사과 1/8개, 청포도 캐비어 20g, 식용유 200mL, 소금·후춧가루 약간씩, 타임
청포도 캐비어	청포도 50g, 알긴산 1.5g, 염화칼슘용액 1L, 포도주스 50mL, 연한 설탕물 200mL

만들기

1. **[슬라이스 미트]** 우둔살은 소금과 후춧가루로 간을 하고, 프라이팬에 식용유를 둘러 강한 불에서 겉면만 빠르게 구운 다음 얇게 슬라이스 한다.
2. **[청포도 캐비어]** 청포도는 즙으로 만들고 포도주스와 알긴산을 섞어 실온에 30분간 보관한다.
3. 2에서 만든 주스를 주사기에 담아 염화칼슘용액에 한 방울씩 천천히 넣어 가며, 청포도 캐비어를 만든 다음 연한 설탕물에 헹궈 볼에 담는다.
4. 식빵은 모서리를 잘라낸다.
5. 래디시는 얇게 슬라이스 하고 사과는 브뤼누아즈로 자른 다음 갈변현상을 방지하기 위해 연한 설탕물에 잠깐 넣었다가 체에 거른다.
6. **[플레이팅]** 접시에 식빵을 담고 1의 슬라이스 미트와 5의 래디시를 번갈아 가며 놓는다.
7. 그 위에 청포도 캐비어와 브뤼누아즈로 자른 사과를 올리고 타임으로 장식한다.

memo

캐비어 만들기
1. 만들고자 하는 주재료의 원액(포도)과 포도주스에 알긴산을 섞어 실온에 10분 이상 둔다.
2. 물과 염화칼슘을 섞어 실온에서 10분 이상 둔다.
3. ①에서 만든 포도주스를 주사기에 담아 ②의 염화칼슘용액에 천천히 넣어가며 막을 형성하도록 하여 캐비어를 만든다.

육류

토마토 소스를 곁들인 가지 샌드

🍴 뜨겁기까지 한 가지 속의 육즙과 발랄한 토마토 소스의 어울림, 중식과 양식의 버라이어티

재료 가지 1개, 달걀 2개, 양파 1/4개, 마늘 2쪽, 피자 치즈 3큰술, 소민찌 200g, 토마토 소스 200mL, 감자전분 적당량, 식용유 500mL, 소금·후춧가루 약간씩, 쏘렐

만들기

1. 가지는 물에 헹궈 물기를 제거하고 양쪽 끝을 잘라낸 후 2등분 한다.
2. 2등분 한 가지는 길게 반으로 자르고 둥근 부분을 잘라내어 직사각형 모양으로 만든 후 소금을 뿌려 밑간을 한다.
3. [고기소] 양파와 마늘은 다지고 소민찌, 피자 치즈와 같이 믹싱볼에 넣고 섞은 후 소금, 후춧가루로 간을 한다.
4. 3에 감자전분 1/2큰술을 넣고 잘 섞이도록 치대어 고기소를 만든다.
5. [가지 샌드] 밑간을 한 가지와 가지 사이에 고기소를 넣어 샌드 하고, 달걀을 풀어 달걀물을 입힌다.
6. 5에 감자전분을 묻히고 170℃의 식용유에 황금색이 나도록 튀긴다.
7. [플레이팅] 따뜻하게 데운 토마토 소스를 접시 2군데에 나누어 담고, 가지 샌드를 칼로 모양을 내어 그 위에 놓는다. 쏘렐로 장식한다.

memo

중식에도 가지 튀김이 있으나 이 요리는 양식처럼 만든 것이다. 중식에서는 소스를 버무려 나오지만 이 요리는 토마토 소스를 곁들여 낸다.

불고기 육포와 잣 파우더

| 재료 | 쇠고기(안심) 30g, 잣 10알, 아스파라거스 2줄기, 불고기 양념 100mL, 핑크 페퍼 1작은술, 소금·후춧가루 약간씩 |

| 불고기 양념 | 진간장 10mL, 물 70mL, 설탕 6g (진간장 : 물 : 설탕 = 1 : 7 : 0.6), 다진 양파 1큰술, 다진 마늘 1작은술 |

만들기

1. [불고기 양념] 불고기 양념은 분량의 재료를 모두 섞어 팬에 담고 강한 불에서 끓인 후 차게 하여 보관한다.
2. [불고기 육포] 안심은 힘줄과 지방을 제거하고 스테이크 망치를 사용하여 얇게 두드려 편 후 불고기 양념에 1시간 이상 넣어 양념한다.
3. 56℃로 예열한 오븐에서 2를 4시간 이상 건조한다.
4. [잣 파우더] 잣은 잘게 다진 후 키친타월로 기름기를 제거하고 파우더로 만든다.
5. 아스파라거스는 감자칼을 사용하여 껍질을 제거하고 끓는 물에 살짝 데친 후 소금, 후춧가루로 간을 한다.
6. [플레이팅] 5의 아스파라거스를 접시에 담고, 그 위에 3의 불고기 육포를 부셔 담은 후 곱게 다진 잣 파우더와 손으로 으깬 핑크 페퍼를 눈처럼 뿌린다.

memo

- 불고기 양념은 일반 양념보다 물을 많이 넣어 간을 약하게 만들어야 오븐에서 건조하여 완성했을 때 짜지 않다. 양념은 쇠고기 양의 3배 정도가 적당하다.
- 고기는 양념에 2시간 이상 넣어 두지 않는 것이 좋으며 파인애플, 키위 등 연육작용을 하는 과일을 넣어 맛과 향을 더 하는 것이 좋다.

육류

치킨스테이크와
적채 소스

  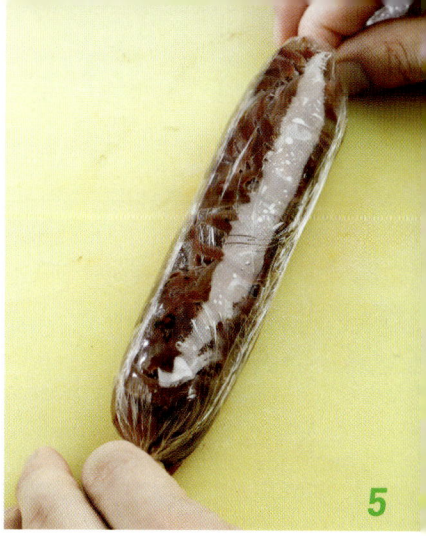

재료	닭다리살 2개, 양파 1개, 다진 생강 1작은술, 진간장 100mL, 물 400mL, 레드와인 50mL, 적채 소스 3큰술, 식용유 3큰술, 타임
적채 소스	적채 100g, 우유 500mL, 소금·후춧가루 약간씩

만들기

1. 물, 진간장, 다진 생강을 섞어 6시간 동안 닭다리살을 재운다.
2. [적채 소스] 적채는 얇게 슬라이스 하고 넓은 냄비에 담아 우유와 같이 푹 끓여 익힌다.
3. 적채가 익으면 우유와 같이 믹서에 넣고 곱게 갈아 소금, 후춧가루로 간을 하고 식힌다. 튜브에 담아 준비한다.
4. 양파를 얇게 슬라이스 하고, 프라이팬에 식용유 1큰술을 두른 후 양파가 부드러워질 때까지 볶다가 레드와인을 넣어 완전히 졸인 후 식힌다.
5. 공기가 들어가지 않도록 4의 양파를 랩으로 사탕처럼 단단히 말아 준비한다.
6. 6시간 재운 닭다리살은 건져내어 물기를 제거한다.
7. 팬에 식용유 2큰술을 두르고 6의 닭다리살을 앞뒤로 구운 후 170℃로 예열한 오븐에서 7분 동안 익히고 2분 동안 레스팅 한다.   *레스팅 : 구운 육류를 실온에 식혀 육즙이 자리를 잡도록 하는 방법이다.
8. [플레이팅] 7의 닭다리살을 한입 크기로 잘라 접시에 놓고, 5를 한입 크기로 잘라 랩을 벗기고 닭다리살 위에 올린다.
9. 튜브에 담아 놓은 적채 소스를 짠 후 타임으로 장식한다.

Soup

수프류

수프류

트러플향 비트 수프와 드라이 토마토

🍴 고급스런 풍미의 비트 수프와 말캉한 드라이 토마토의 조화. 크리스마스에 어울리도록 만든 코스 메뉴 안의 수프이다.

재료	3색 방울토마토 1개씩, 래디시 1개, 블랙 올리브 파우더 1/2작은술, 트러플향 비트 수프 2큰술, 식용 꽃
트러플향 비트 수프	비트 · 감자 1/2개씩, 우유 500mL, 트러플오일 30mL, 소금 · 후춧가루 약간씩

만들기

1. **[트러플향 비트 수프]** 비트와 감자는 껍질을 제거하여 얇게 슬라이스 한 다음 우유와 같이 냄비에 넣어 끓인다.
2. 비트와 감자가 물러져 뭉그러지면 소금, 후춧가루, 트러플오일과 같이 믹서에 곱게 갈아 트러플향 비트 수프를 만든다.
3. 2를 식힌 후 휘핑건에 담아 뚜껑을 닫고 질소를 채워 냉장고에 하루 동안 보관한다.
4. 방울토마토는 끓는 물에 잠깐 데쳐 찬물에 식힌 후 껍질을 벗기고, 건조기에서 60℃로 6시간 정도 건조한다.
5. **[플레이팅]** 트러플향 비트 수프를 접시에 짜고 블랙 올리브 파우더를 뿌린 후 4의 방울토마토와 래디시를 담고 식용 꽃으로 장식한다.

memo
크림이나 우유로 만든 수프를 휘핑건에 담아 보관하였다가 짜면 수프가 입안에서 솜털처럼 가볍고 부드러운 느낌이 난다.

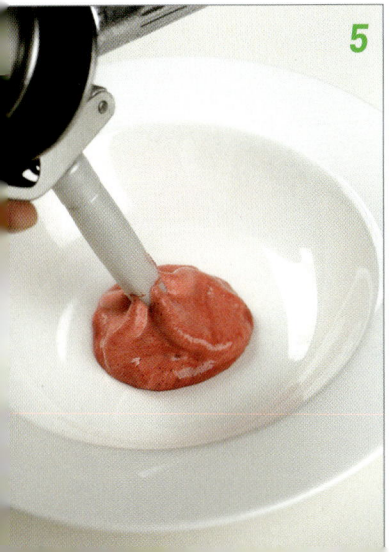

수프류

저온으로 익힌 노른자와
포르치니 크림수프

🍴 탱글한 노른자와 감탄사가 나오는 고급스런 부드러움이 마치 벨벳의 느낌을 주는 요리

재료	달걀 3개, 메밀 1큰술, 황금 팽이버섯 20g, 포르치니 크림수프 100mL, 트러플오일 1큰술
포르치니 크림수프	고르곤졸라 치즈 30g, 생크림·휘핑크림 100mL씩, 포르치니 파우더 1작은술, 트러플오일 1큰술, 소금·후춧가루 약간씩

만들기

1. 끓는 물을 60℃로 맞추고 달걀을 넣어 40분 정도 삶은 후 서서히 식힌다.
2. [포르치니 크림수프] 트러플오일을 제외한 분량의 재료를 냄비에 모두 넣고 치즈가 녹을 때까지 끓인 후 소금, 후춧가루로 간을 하여 포르치니 크림수프를 만든다.
3. 메밀은 하루 동안 불렸다가 삶은 후 물기를 제거하고 튀겨 바삭하게 한다.
4. 황금 팽이버섯은 실온에 펼쳐놓고 10시간 정도 말린다.
5. 달걀은 조심스럽게 까서 흰자는 제거하고 노른자만 분리한다.
6. [플레이팅] 포르치니 크림수프를 따뜻하게 데워 수프볼에 담고 가운데에 노른자를 올린다.
7. 수프에 3의 메밀과 4의 황금 팽이버섯을 놓고 트러플오일을 뿌린다.

> **memo**
> 달걀을 60℃에서 서서히 익히면 껍질은 흐물거리고 노른자는 노란 탁구공, 마치 호박 보석처럼 예쁜 컬러를 띤다. 맛이 더욱 부드럽고 고소하다.

완두콩수프

재료 완두콩 100g, 백태·서리태 50g씩, 양파 1개, 우유 400mL, 생크림 200mL, 버터 3큰술, 월계수 잎 2장, 엑스트라버진 올리브오일 1큰술, 소금·후춧가루 약간씩

만들기

1. 완두콩, 백태, 서리태는 하루 동안 각각 물에 불린다.
2. 각각 삶아서 익히고 양파는 슬라이스 한다.
3. 냄비에 버터를 넣고 슬라이스 한 양파와 완두콩을 볶는다.
4. 양파가 한숨 죽으면 우유, 생크림, 월계수 잎을 넣고 끓여 푹 익힌다.
5. 4에서 월계수 잎을 건져내고 소금, 후춧가루로 간을 하여 믹서에 부드럽게 간다.
6. [플레이팅] 수프볼에 5를 붓고 백태와 서리태를 담은 후 엑스트라버진 올리브오일을 뿌린다.

memo
완두콩수프는 아침 식사 대용이나 이유식으로 좋으며, 입맛이 없을 때나 속이 불편하여 식사가 불편할 때에도 가볍게 먹기 좋다.

수프류

콩을 올린
마늘향 크림수프

| 재료 | 율무 · 백태 · 서리태 · 완두콩(캔) 50g씩, 마늘 10쪽, 우유 300mL, 전분 1/2큰술, 트러플오일 적당량, 소금 · 후춧가루 약간씩 |

 **만들기**

1. 율무, 백태, 서리태는 하루 동안 각각 물에 불린다.
2. 1을 각각 냄비에 담고 부드러워질 때까지 중간 불에서 삶은 후 식혀 물기를 제거한다.
3. 냄비에 마늘을 넣고 우유와 같이 끓여 푹 익힌 다음 전분을 넣고 소금, 후춧가루로 간을 한다.
4. 3을 믹서에 넣고 부드럽게 갈아서 식힌다.
5. 믹싱볼에 물기를 제거한 완두콩, 율무, 백태, 서리태를 담아 섞은 후 트러플오일, 소금, 후춧가루를 넣고 간을 한다.
6. [플레이팅] 옴폭한 그릇에 4의 수프를 담고 5의 삶은 콩들을 올린 후 트러플오일을 뿌린다.

 memo

- 수프처럼 묽지 않고 좀 더 되기 때문에 든든한 식사 대용으로 좋다.
- 이 요리는 전분을 넣지 않은 상태에서 고명을 빼고 스파게티 소스로 사용하면 일반 크림 소스보다 훨씬 깊은 맛을 낼 수 있다.

수프류

송이버섯 무스를 곁들인
곡물 수프

212

재료	송이버섯 1개, 보리 1작은술, 차조·렌틸콩 1/6작은술씩, 완두콩 1큰술, 이집트콩 5알, 송이버섯 무스 2큰술, 치킨스톡 400mL
송이버섯 무스	송이버섯 2개, 다진 양파 1작은술, 다진 마늘 1/4작은술, 생크림 200mL

 **만들기**

1. 송이버섯은 0.3cm 두께로 얇게 슬라이스 한 다음 건조기에서 38℃로 완전히 건조하여 송이버섯 칩을 만들고, 일부는 믹서에 넣고 갈아 송이버섯 파우더를 만든다.
2. [송이버섯 무스] 프라이팬에 송이버섯과 다진 양파, 다진 마늘을 넣고 강한 불에서 볶다가 생크림을 넣고 약한 불에서 1/3로 천천히 졸인다.
3. 졸인 송이버섯은 핸드믹서로 곱게 갈고 냉장고에 보관하여 차갑게 식힌다.
4. 준비한 곡물과 치킨스톡을 냄비에 넣고 중간 불에서 천천히 익힌 후 따뜻하게 보관한다.
5. [플레이팅] 치킨스톡에 익힌 곡물과 육수를 볼에 담고, 그 위에 차갑게 식힌 3의 송이버섯 무스와 1의 송이버섯 칩을 올린 후 송이버섯 파우더를 뿌린다.

memo
- 콩을 넣은 치킨스톡은 아주 약한 불에서 조리하여 브로스 특유의 맑은 색이 살아나도록 하는 것이 좋다.
- 브로스(broth) : 물이나 치킨스톡에 육류나 채소 등을 넣고 약한 불에서 끓인 육수이다.

채소, 과일 협찬

파미농원

주소 : 경기도 가평군 설악면 봉미산안길 206
대표번호 : 010-9791-0616
이메일 주소 : hanul016@daum.net

식기 · 조리 기물 협찬

리빙탑스

주소 : 경기도 용인시 처인구 모현읍 곡현로 864-1
대표번호 : 031-339-1357
이메일 주소 : livingtops1357@naver.com

2020년 7월 10일 인쇄
2020년 7월 20일 발행

저자 : 안충훈 · 조원기 공저
펴낸이 : 남상호

펴낸곳 : 도서출판 예신
www.yesin.co.kr

04317 서울시 용산구 효창원로 64길 6
대표전화 : 704-4233, 팩스 : 335-1986
등록번호 : 제3-01365호(2002.4.18)

값 18,000원

ISBN : 978-89-5649-172-1

* 이 책에 실린 글이나 사진은 문서에 의한 출판사의
  동의 없이 무단 전재 · 복제를 금합니다.